व्याख्यान

इतिहास स्मृति आकांक्षा

लेखक की कृतियाँ

कहानी-संग्रह

परिन्दे (1959), जलती झाड़ी (1965), पिछली गर्मियों में (1968), बीच बहस में (1973), कव्वे और काला पानी (1983), प्रतिनिधि कहानियाँ (1988), सूखा तथा अन्य कहानियाँ (1995), थिगलियाँ (2024)

उपन्यास

वे दिन (1964), लाल टीन की छत (1974), एक चिथड़ा सुख (1979), रात का रिपोर्टर (1989), अन्तिम अरण्य (2000)

यात्रा-संस्मरण/डायरी

चीड़ों पर चाँदनी (1963), हर बारिश में (1970), धुंध से उठती धुन (1997)

निबन्ध/व्याख्यान

शब्द और स्मृति (1976), कला का जोखिम (1981), ढलान से उतरते हुए (1985), भारत और यूरोप : प्रतिश्रुति के क्षेत्र (1991), इतिहास स्मृति आकांक्षा (1991), शताब्दी के ढलते वर्षों में (संचयन, 1995), दूसरे शब्दों में (1997), आदि, अन्त और आरम्भ (2001), साहित्य का आत्म-सत्य (2006), सर्जना पथ के सहयात्री (2006)

नाटक

तीन एकान्त (1976)

अनुवाद

पराजय : अलेक्सांद्र फेदेयेव (1954), बचपन : टॉल्स्टॉय (1954), कुप्रिन की कहानियाँ : अलेक्सांद्र कुप्रिन (1955), रोमियो जूलियट और अँधेरा : यान ओत्चानाशेक (1964), खेल-खेल में : चेक कहानियाँ (1966), इतने बड़े धब्बे : चेक कहानियाँ (1966), झोंपड़ीवाले और अन्य कहानियाँ : मिहाइल सदौवेन्यु (1966), कारेल चापेक की कहानियाँ (1966), बाहर और परे : इर्षी फ्रीड (1967), आर.यू.आर. : कारेल चापेक (1972), एमेके : एक गाथा : जोसेफ़ श्कवोरेस्की (1973)

पत्र

प्रिय राम, प्रिय निर्मल (2006), देहरी पर पत्र (2009), चिट्ठियों के दिन (2009)

साक्षात्कार

संसार में निर्मल वर्मा (2006)

संचयन

दूसरी दुनिया (1978)

इतिहास स्मृति आकांक्षा

वत्सल-निधि व्याख्यान, 1990

निर्मल वर्मा

राजकमल प्रकाशन

पहली बार वत्सल-निधि से 1991 में प्रकाशित

ISBN : 978-93-6086-355-5

मूल्य : ₹495

पहला संस्करण : मई, 2024

प्रकाशक : राजकमल प्रकाशन प्रा. लि.
1-बी, नेताजी सुभाष मार्ग, दरियागंज
नई दिल्ली-110 002

शाखाएँ : अशोक राजपथ, साइंस कॉलेज के सामने, पटना-800 006
पहली मंजिल, दरबारी बिल्डिंग, महात्मा गांधी मार्ग, प्रयागराज-211 001
1, अनमोल सोराबजी सन्तुक लेन, धोबी तलाव, मरीन लाइंस, मुम्बई-400 002

वेबसाइट : www.rajkamalprakashan.com
ई-मेल : info@rajkamalprakashan.com

मुद्रक : विकास कंप्यूटर एंड प्रिंटर्स
ट्रॉनिका सिटी-201 102

ITIHAS SMRITI AKANKSHA
Lectures by Nirmal Verma

इतिहास स्मृति आकांक्षा

क्रम

आभार

अरसे से श्री निर्मल वर्मा के यह व्याख्यान—*इतिहास स्मृति आकांक्षा*—जो उन्होंने वत्सल-निधि व्याख्यानमाला की दसवीं कड़ी के रूप में दिये थे, पाठकों के लिए अनुपलब्ध थे।

वत्सल-निधि, डॉ. कर्ण सिंह और प्रोफ़ेसर इन्द्रनाथ चौधुरी की सहृदयता-सौजन्यता के कारण ये पुनः प्रकाशित हो रहे हैं।

मैं वत्सल-निधि की आभारी हूँ।

19 नवम्बर, 2009

—गगन गिल

प्रथम संस्करण, 1991 की भूमिका

निवेदन

वत्सल निधि द्वारा आयोजित डॉ. हीरानन्द शास्त्री स्मारक व्याख्यान माला की दसवीं कड़ी के रूप में व्याख्यानों को देना स्वीकार कर श्री निर्मल वर्मा ने, स्वयं तो न्यास को मान दिया ही, जिस सहृदय श्रोता-मंडली ने वे व्याख्यान सुने, उनके साधुवाद का लक्ष्य भी बनाया।

चिन्तक कथाकार श्री निर्मल वर्मा ने इतिहास, स्मृति-विस्मृति, इसके परिप्रेक्ष्य में, मनुष्य के बोध और कथा अथवा कलाकृति के सत्य की तीन व्याख्यानों में गम्भीर मीमांसा की है। यह पुस्तक रूप में आपके सामने प्रस्तुत कर वत्सल-निधि को बड़ा सन्तोष है।

—इला डालमिया

न्यासधारी सचिव, वत्सल-निधि

A Strange thing can happen in a desert. If someone riding through the night falls asleep or for any reason lags behind his fellows and tries to catch up with them, he will suddenly hear spirits, calling him by name, as if they were his companions. Often, tricked by their voices, he will stray from the right path and be hopelessly lost in the desert. They have been unable to find him again...the desert spirit can do amazing and incredible things.

मार्को पोलो की यात्राएँ

ज़िन्दगी को जीना उतना सरल नहीं है, जितना एक खेत को पार करना।

एक रूसी कहावत जो बोरिस पास्तरनाक की प्रसिद्ध कविता 'हेमलेट' की अन्तिम पंक्ति भी है।

भविष्य एक दरिया है, यह जानने के लिए कि उसका कौन-सा किनारा अतीत है और कौन-सा वर्तमान—हमें इस दरिया को पार करना होगा एक मगर की मन्थर गति में, जो अपने शिकार को चीरता हुआ आगे बढ़ जाता है।

एक अफ़्रीकी क़बीले की दन्तकथा से

पहला व्याख्यान

23 जनवरी, 1990

साहित्य अकादेमी सभागार
रवीन्द्र भवन
नई दिल्ली

मैं वत्सल-निधि के प्रति आभार प्रकट करना चाहता हूँ, जिसकी ओर से मुझे श्री हीरानन्द शास्त्री की स्मृति में व्याख्यान देने के लिए आमंत्रित किया गया। यह शायद महज़ संयोग नहीं है कि बीसवीं शती के अन्तिम दशक में, जब हम अपने किये-गुज़रे का सिंहावलोकन कर रहे हैं, यह व्याख्यानमाला एक ऐसे बहुआयामी विषय पर केन्द्रित है, जिसे चिन्तन के किसी एक घेरे या अनुशासन में बाँटना असम्भव है। भोगे हुए अनुभव बीत ज़रूर गए हों, अभी अतीत नहीं बने हैं—हम उनकी छुअन और सिहरन अब भी अपने भीतर महसूस कर सकते हैं...। इतिहास की अभी ऐसी कोई दीवार नहीं बनी है, जो शहर को क़ब्रगाह से अलग कर सके। जिन मुरदों को हम दफ़नाकर घर लौटते हैं—तो पाते हैं, वे पहले से ही हमारी प्रतीक्षा में बैठे हैं। घटना जब तक स्मृति नहीं बनती, जब तक वह हमसे बिलकुल अलग नहीं हो जाती—बिना स्मृति के कोई घटना सिर्फ़ एक हादसा बनकर रह पाती है। हादसे में मनुष्य सिर्फ़ बदहवास

हो जाता है—स्मृति का वह अवकाश उसमें नहीं होता, जिसके रहते ही हम घटनाओं को एक सिलसिलेवार शृंखला में बाँधते हैं, जिसे हम 'इतिहास' कहते हैं।

लेकिन शायद यह हमारी शताब्दी में ही नहीं, कभी भी सम्भव नहीं रहा...। इतिहास में रहते हुए इतिहास का मर्म जानना शायद उतना ही असम्भव है, जितना धूप में चलते हुए अपनी छाया को लाँघने का प्रयास करना। हम प्रायः समाज और संस्कृतियों को 'जीवन्त' और 'मृत' में बाँट लेते हैं—किन्तु दोनों के बारे में सम्पूर्ण सत्य जानना असम्भव लगता है...। जीवन्त संस्कृतियों के बारे में कोई अन्तिम निष्कर्ष इसलिए मुश्किल जान पड़ता है, क्योंकि वे अभी अपने अन्त तक नहीं पहुँची, जहाँ खड़े होकर हम उनके बारे में कोई निर्णय दे सकें...। दूसरी तरफ़ हम जिन संस्कृतियों को मृत मानते हैं, उनकी स्मृति भले ही हम पुराने दस्तावेज़ों और ज़मीन में दबी इमारतों के बीच जगा लें, हम उनके स्थलों, अन्तःप्रेरणाओं और आकांक्षाओं के बारे में कुछ नहीं जान पाएँगे, जो एक समय उसके निवासियों और निर्माताओं के भीतर प्रवाहित होती थी। श्री हीरानन्द शास्त्री, जिनकी स्मृति में यह व्याख्यानमाला आयोजित है, स्वयं अपने समय के एक गुणी और निष्ठावान पुरातत्त्ववेत्ता थे। एक पुरातत्त्ववेत्ता ज़मीन के नीचे दबी दुनिया में वैसे ही चलता है, जैसे जंगल में शिकारी—दृश्य सुरागों के सहारे अदृश्य को खोजता हुआ, जो किसी भी पत्थर, सिक्के या शिलालेख के पीछे से अचानक प्रकट हो सकता है। हर चीज़, जो दिखाई देती है, वह सिर्फ़ एक संकेत और सिग्नल है, किसी ऐसे छिपे ख़ज़ाने की ओर इशारा करती हुई जो आँखों से ओझल है। ओझल अतीत को ज्यों-का-त्यों अनावृत करना, जैसा वह किसी अन्य समय में जीवित था, यह पुरातत्त्व का काव्य-शास्त्र है। इसलिए यह बिलकुल ही आकस्मिक नहीं था कि अज्ञेय ने अपने अन्तिम वर्षों में जो तीर्थ यात्राएँ कीं, वे चाहे कृष्ण की द्वारका में हों, अथवा सीता

की जन्मभूमि में, एक तरह से अपने को उन काल-खंडों में ले जाने का प्रयास था, जिन्हें उनके पिता ने विस्मृति के अँधेरे से बाहर निकाला था। स्मृति में विगत को जागृत करना एक प्रकार से अपने भीतर उस खोए हुए समय को पुनः प्राप्त करना है, जो हर कहानी या कविता का अभीष्ट होता है। वे हमारी संस्कृति के उन रिक्त स्थानों और विस्मृत अन्तरालों को प्रकाश में लाते हैं, जिन्हें इतिहास के तथ्य अनदेखा कर जाते हैं। विपरीत दिशा से चलते हुए अज्ञेय अपने पिता से आधे रास्ते में मिल गए थे, जहाँ से साहित्य का पुरातत्त्व-बोध शुरू होता है। कविता का पुरातत्त्व अपने भीतर उसे अनुभव करना है जो बाहर की दुनिया में बीत गया है।

दुनिया की शायद ही कोई ऐसी संस्कृति हो—जीवित या मृत, जो कोई कहानी न कहती हो। इतिहास की धूल में उसकी कुछ कड़ियाँ छिप जाती हैं, कुछ अंश हमेशा के लिए दब जाते हैं। कोई नहीं जानता, पूरी कहानी क्या है, वह कहाँ से शुरू होती है, किस दिशा में बहती है। लेकिन यह न जानना इतना अभिशाप नहीं जान पड़ता, जितना यह सन्देह होना कि शायद कोई कहानी है ही नहीं। यह शंका होना कि जिन अनुभव-खंडों को जोड़कर हम एक अर्थ-व्यवस्था बनाते हैं और उसके भीतर मनुष्य की नियति टटोलते हैं, क्या वह अपने में ही तो एक आत्म-छलना नहीं है?...सम्भव है इतिहास हमसे कुछ नहीं कहता, सिर्फ़ हम अपने को धोखा देते हैं और उसमें वह सुनते हैं, जो हमारी आकांक्षा हमसे कहती है...। हम शिलालेखों को उन मील के पत्थरों में बदल देते हैं, जो हमारी यात्रा को एक निर्दिष्ट दिशा दे सकें। इतिहास कोई दिशा दिखाने का दावा नहीं करता—उसका न हमारी यात्रा, न उसके लक्ष्य से कोई सरोकार है। हर ऐतिहासिक घटना के अनेक अर्थ निकल सकते हैं, इतिहासकार निकालते भी हैं—और चूँकि हर अर्थ दूसरे अर्थ को काट सकता है, हमारे हाथ में अन्ततः अर्थहीनता के अलावा कुछ भी नहीं बचा रहता।

स्वयं हमारे समय में इतिहास की अर्थहीनता का बोध कितना घना हुआ है, वह उन सब विचारधाराओं के खंडित अवशेषों में दिखाई देता है, जिन्होंने मनुष्य की नियति को इतिहास के सूत्रों में बाँधने की कोशिश की थी। उन्नीसवीं शती के अन्त में मनुष्य ने जिस ऐतिहासिक-दर्शन में अपने भविष्य के स्वप्न और आदर्श सँजोए थे, इस सदी के अन्त होते-होते उनके खँडहर चारों तरफ़ दिखाई देते हैं। इन खँडहरों में यदि हम थोड़ा भी झाँकने का दुस्साहस करें तो हमें ऐतिहासिक विचारधाराओं के अस्थि-पिंजर तो दिखाई देंगे ही, वे खंडित मूर्तियाँ भी दिखाई देंगी, जो मनुष्य ने अपने बारे में निर्मित की थीं। वे सब अवधारणाएँ, जो प्रगति, विकास और परिवर्तन के स्रोतों से अपनी संजीवनी शक्ति खींचती थीं, आज इतनी मृतप्राय: दिखाई देती हैं कि आश्चर्य होता है कि मनुष्य अपने बारे में इतनी आत्म-सम्मोहित छलनाएँ पाल सकता है...इन छलनाओं को यथार्थ बनाने की लालसा में समूची जातियों, सभ्यताओं और स्वयं अपनी स्मृतियों की अनमोल सम्पदा को नष्ट कर सकता है।

बीसवीं शती में निर्मित किये जाने वाले यातनागृहों और गुलग प्रदेश की विभीषिका से हम-आप थोड़ा-बहुत परिचित हो चले हैं—हालाँकि मनुष्य की अपने को धोखा देने की प्रवृत्ति इतनी असीम है कि कुछ वर्ष पहले तक यूरोप के अधिकांश बुद्धिजीवी उनके अस्तित्व से भी इनकार करते आए थे। कहा जा सकता है कि हम जिसे तर्क-बोध का युग (Age of Reason) मानते आए थे, वह आत्म-छलना का (Age of Self-deception) का सबसे भीषण युग रहा है...किन्तु आज जब हम पिछली दो शताब्दियों की लम्बी नींद से थोड़ा-बहुत जागे हैं, तो यथार्थ की क्रूर रोशनी में चकाचौंध आँखें सिर्फ़ बाहर के खँडहर देख पाती हैं—वे यातनागार बन्दीगृह नहीं—जो आधुनिक मनुष्य ने अपने भीतर खड़े किये थे। तो मुझे लगता है, यदि हम इन बन्दीगृहों के दरवाज़े खोलें, मनुष्य के वे पथराए और मुरझाए अनुभव बाहर निकल आएँगे, जो उसने

अपने भीतर अलग-अलग तहख़ानों में बन्द किये थे। बाहर की दुनिया में हम मनुष्य के जो खंडित आत्मबिम्बों के ढूह देखते हैं, वे मनुष्य के आत्मविभाजित अनुभवों के ऐसे ऐतिहासिक प्रतीक हैं, जहाँ धार्मिक-बोध का तत्त्व चिन्तन से, इतिहास का कथा से उतना ही अलगाव है, जितना विज्ञान के नियमों का मनुष्य की प्रकृति से। इस अलगाव के रहते हमें यह ज़रा भी विचित्र नहीं लगता कि जहाँ हम इतिहास के तथ्यों को यथार्थ की श्रेणी में रखते हैं, वहाँ हम अनुभवों की चिरन्तन स्मृति को कथा या उपन्यास के कल्पना-लोक में छोड़कर छुट्टी पा लेते हैं...कल्पना और यथार्थ का यह विभाजन हमें ज़रा भी कृत्रिम या अस्वाभाविक नहीं जान पड़ता। उसके कारण हम न इसका अनुमान लगा सकते हैं कि भारतीय मनीषा में पौराणिक स्मृति का जीवन के यथार्थ से कितना गहन सम्बन्ध रहा है, न कभी यह कल्पना कर सकते हैं कि कभी-कभी मनुष्य जातीय अन्तर्द्वंद्व और भीतरी विडम्बनाओं, काल की चोटों से हताहत मूल्य-मर्यादाओं का जितना प्रामाणिक और सशक्त चित्रण 'काल्पनिक' कथा-उपन्यासों में मिलता है, उतना इतिहास के 'वस्तुपरक 'तथ्यों और आँकड़ों में नहीं। इतिहास उन प्रहारों का तो उल्लेख करता है, जो मनुष्य पर होते हैं, उन घावों का नहीं जो वे उसकी आत्मा पर छोड़ जाते हैं।

उदाहरण के तौर पर बीसवीं शती के आरम्भ में एक हिन्दू बुद्धिजीवी की आत्म-अस्मिता का संघर्ष कितना गहरा और यातनामय था, इसका जीवन्त सन्दर्भ हमें जितना रवीन्द्रनाथ ठाकुर के उपन्यास 'गोरा' में मिलता है—उतना किसी तत्कालीन ऐतिहासिक ग्रंथ में नहीं। यहाँ इतिहास के महत्त्व को कम करके देखना नहीं है—सिर्फ़ उन दीवारों की ओर संकेत करना है, जो 'इतिहास' और 'साहित्य' के बीच खींचकर स्वयं अनुभव की सर्वांगीणता को धूमिल कर देती है। हम इतिहास के तथ्यों से यह जान सकते हैं कि विदेशी हस्तक्षेप किसी संस्कृति को कैसे संकट में डाल सकता है, किन्तु कैसे यह संकट एक व्यक्ति की साँसत

बन जाता है, जहाँ वह स्वयं अपनी जड़ों से उन्मूलित होने लगता है, और आत्म-उन्मूलन का यह बोध एक औपनिवेशिक सन्दर्भ में कितना भयावह अकेलापन ला सकता है—क्या इसका लेखा-जोखा हमें किसी इतिहास में मिल सकता है?

यूरोपीय समाज में जो विभाजन धार्मिक और सांसारिक बोध सेक्यूलर और रिलीजस अनुभवों के बीच हुआ था, उसके कारण इतिहास और स्मृति के बीच हमेशा के लिए एक फाँक खिंच गई थी। इसके रहते यह स्वीकार करना असम्भव हो गया कि हर अनुभव अपने में विशिष्ट होता हुआ भी—अपने सत्य में—सार्वभौमिक हो सकता है...यहाँ दर्शन, सौन्दर्यशास्त्र और इतिहास के बीच की दीवारें एकाएक ढह जाती हैं। कहते हैं, जब फ्रेंच उपन्यासकार फ़्लॉबेर ने टॉल्स्टॉय का उपन्यास 'युद्ध और शान्ति' पढ़ा, तो आह्लादित होने के साथ-साथ वह बहुत हतप्रभ भी हुए। उन्होंने अपने मित्र तुर्गनेव से कहा—उपन्यास तो बहुत अच्छा है किन्तु इसमें तो ज़िन्दगी के फ़लसफ़े के अलावा और कुछ है ही नहीं। शुद्ध कला के उपासक फ़्लॉबेर के लिए इससे बड़ा स्कैंडल और क्या हो सकता था कि एक उपन्यास कला की किसी विशिष्ट अवधारणा तक न सीमित रहकर अपने विराट 'एपिक' प्रवाह में जीवन, मृत्यु, प्रेम, आस्था-अनास्था के समस्त प्रश्नों को समेटता चलता हो—और उसी की अबाध और अखंडित धारा में 'सौन्दर्य' का सृजन करता हो—कहीं अलग किनारे की बालू पर नहीं।

फ़्लॉबेर अपने में एक महान कलाकार थे—शायद पहले 'आधुनिक' लेखक, जिन्होंने अपने उपन्यास 'मदाम बॉवेरी' में एक ऐसे आत्मखंडित पात्र का सृजन किया था, जो प्रेम जीने के बजाय प्रेम की अवधारणा जीती थी—एक ऐसी रोमांटिक अवधारणा, जो स्वयं उसे अपने को पहचानने में रोक लगाती थी। वह प्रेम नहीं, प्रेम के सम्मोहन में जीती थी, जो आत्मखंडित स्थिति में सबसे दयनीय और दारुण अवस्था है।

जब मनुष्य आत्मखंडित होता है—तो पहली बार मनुष्य की जगह 'मनुष्य की अवधारणा' का आविर्भाव होता है। हमारे समय का सबसे आकर्षक सम्मोहन शायद यही है कि कहीं मनुष्य अपने को छिपाकर एक अवधारणा के रूप में अपने को परिभाषित कर सके। इसका उदाहरण प्राय: उन सेमिनारों और गोष्ठियों में मिलता है, जहाँ बीच मेज़ पर मनुष्य की अवधारणा एक लाश की तरह पड़ी रहती है...जिस पर हर क्षेत्र का विशेषज्ञ अपने अन्तरनुशासीय औज़ारों से चीर-फाड़ करता दिखाई देता है। मनुष्य की स्मृति को एक जगह रखा जाता है, उसके इतिहास को दूसरी जगह, उसके देवी-देवताओं को तीसरी जगह और जब इस शल्य-क्रिया के बाद वह मेज़ से उठता है, तो हम पाते हैं कि मनुष्य के अनेक रूप हैं—वह इतिहास मनुष्य है, आर्थिक मनुष्य है या अतीतजीवी मनुष्य है। उसके अनेक रूप और बिम्ब हैं—हर बिम्ब में मनुष्य का एक खंडित, अधूरा अनुभव-अंश दिखाई देता है किन्तु मनुष्य का अपना पूरा चेहरा, वह किसी बिम्ब में प्रतिबिम्बित नहीं होता।

इस अर्थ में हम आधुनिक मनुष्य को 'स्मृतिहीन' मनुष्य कह सकते हैं। उसने अपने अलग-अलग अंश-दर्शन, समाजशास्त्र और इतिहास की उन विचारधाराओं को सौंप दिये थे, जिन्होंने अपने साँचों के भीतर के विभिन्न 'चेहरे' गढ़े थे। इस बीच मनुष्य स्वयं धीरे-धीरे भूलता गया कि स्वयं उसका अपना चेहरा और स्वरूप कैसा था...। यदि कोई चीज़ बीसवीं शती के अन्तिम चरण में समाप्त हुई, तो वह आत्मविभाजन का यथार्थ नहीं, बल्कि उसकी स्वर्ण मरीचिकाओं का छद्म आलोक था—जिनके पीछे वह अपनी मुक्ति के लिए भागा था। वह राम जो कुटिया से निकलकर स्वर्ण मृग का पीछा करने भागे थे, वही राम नहीं थे, जो वापस लौटे थे। बाहर यदि उन्होंने मृग-छलना का सम्मोहन खोया था, तो भीतर उस सम्पूर्णता का बोध भी जो सीता के साथ जुड़ा था। आकांक्षा का लक्ष्य मृग और उसका स्रोत—सीता—दोनों

से वंचित होकर आज का मनुष्य अपने को जिस रिक्त स्थान में पाता है, वह इतिहास और स्मृति के बीच का स्थान है। यह वह जगह है, जहाँ से हर कथा के कपाट खुलते हैं। मनुष्य की जीवन-लीला शुरू होती है। जब कभी नारद मुनि विष्णु भगवान से लीला का रहस्य पूछते हैं, तो पौराणिक कथाओं में हर बार नारद मुनि को ऐसी स्थिति में फेंक दिया जता है, जहाँ वह अपने को भूलकर अनेक जन्म-जन्मान्तरों की यात्रा पर निकल पड़ते हैं। अनेक अनुभवों की सुरंग से निकलकर जब वह बाहर आते हैं, तो तारकोव्स्की की फ़िल्म के यात्रियों की तरह वहीं पहुँच जाते हैं, जहाँ से शुरू हुए थे। इतिहास की यात्रा का सम्मोहन भी तभी छँटता है, जब मनुष्य आत्म-विस्मृति के प्रलोभन से निकल दुबारा वहाँ पहुँच जाता है, जहाँ वह अपने को पाता है। पुरानी मिथक-कथा हो अथवा आधुनिक उपन्यास—दोनों ही अपनी कथ्यात्मक स्पेस में यथार्थ और माया के अन्तर्निहित सूत्रों को खोलने का प्रयास करते हैं और इस प्रयास में स्वयं एक स्वायत्त सृष्टि की रचना कर डालते हैं। हम जिन्हें 'कथाएँ' कहते हैं, वे और कुछ नहीं, विष्णु के वेश में लेखक की लीला है, जिसमें डूबकर नारद-रूपी पाठक स्वयं अपने से साक्षात् कर लेता है।

ऊपर 'प्रलोभन' का शब्द कई बार आया है...अपनी जैविक ज़रूरतों को पूरा करने की आकांक्षा अथवा रोटी, घर या सेक्स की आकांक्षा को हम प्रलोभन नहीं कहते। वह इस धरती पर जीने की न्यूनतम शर्तों में शामिल होती हैं...किन्तु इन बुनियादी ज़रूरतों के परे और ऊपर भी एक आकांक्षा रहती है, जिसे आदमी परिभाषित नहीं करता लेकिन जो एक अदृश्य फाँस की तरह उसकी आत्मा में चुभती रहती है। इस चुभन की पीड़ा अवश्य ही कोई गोपनीय आनन्द देती होगी, जिसके कारण वह एक निषिद्ध 'फल' जान पड़ती है। इस निषिद्ध को पाने की अदम्य लालसा से ही प्रलोभन प्रकट होता है। अंग्रेज़ी में एक चेतावनी-भरी सूक्ति है—Don't try to tempt your fate (अपने भाग्य को भरमाने की कोशिश न करो)।

इसका एक मतलब तो यह हो सकता है कि वह नियति जो अज्ञात है, उसे फुसलाने की कोशिश न करो। मैकबेथ की तरह तुम जो कुछ जानोगे, वह शायद वही होगा, जो भाग्य से तुमने माँगा है, लेकिन ज़रूरी नहीं कि वह उसी तरह पूरा होगा, जैसा तुमने चाहा है। किन्तु इसका एक दूसरा अर्थ भी हो सकता है, पहले से बिलकुल विपरीत, कुछ इस तरह—'वह मत माँगो, जो अज्ञात है, क्योंकि हो सकता है, तुम वही हो, या तुम्हारे पास वह पहले से ही मौजूद है जो तुमने माँगा है।' आप देखेंगे, पहले अर्थ में मनुष्य की इच्छा प्रच्छन्न है, वह भविष्यवाणी में प्रकट होती है। दूसरे में भविष्य प्रच्छन्न है, जो मनुष्य की इच्छा में प्रकट होता है। यह दूसरा अर्थ महत्त्वपूर्ण है। इतिहास का हर परिवर्तन मनुष्य की इस इच्छा, इस प्रलोभन में निहित है कि वह अपने वर्तमान को अपने भविष्य में बदल सके। वह हो सके, जो वह नहीं है। अपने को निषेध करने की आकांक्षा—यह सबसे बड़ा प्रलोभन है—और यह संयोग नहीं है कि समूची सृष्टि के जीव-जन्तुओं में मनुष्य ही एक ऐसा प्राणी है जो इस मरीचिका के पीछे भागता है कि वह जो है, उसका निषेध करके वह बन सके, जो वह नहीं है। विडम्बना यह है कि मनुष्य अपना निषेध करके भविष्य में जो होना चाहता है, वह वही है, जो वह अतीत में खो चुका है। इतिहास की हर क्रान्ति मनुष्य का वह स्वप्न है, जहाँ वह अपने खोए हुए अतीत को अपने भविष्य में पुनर्जीवित कर सके, भविष्य को किसी प्रकार अपने अतीत में परिणत होने का प्रलोभन दे सके। भविष्य के समस्त यूटोपिया अतीत की स्वप्न-कथाओं पर आधारित होते हैं।

जब मनुष्य वह बनने का प्रलोभन करता है, जो वह वास्तव में नहीं है—जो उसकी प्रकृति के विरुद्ध है तो एक तरह से वह अपने प्रति ही विश्वासघात करने का पाप अर्जित करता है। यह संयोग नहीं कि 'फाउस्ट' का मिथक यूरोपीय साहित्य में गोटे से लेकर टॉमस मान तक

को इतना अभिभूत और आक्रान्त करता था—एक ऐसा व्यक्ति जिसने ज्ञान के प्रलोभन में अपनी आत्मा को शैतान के हाथों गिरवी रखवा दिया था। किन्तु यह 'शैतान' कोई बाहर की शक्ति न होकर स्वयं मनुष्य के भीतर वास करता है जो उसे बार-बार स्वयं अपने को विकृत और विस्मृत करने के लिए लालायित करता है। मैं सोचना चाहता हूँ कि शिव का क्रोध सती पर इसलिए नहीं था कि वह राम को छलना चाहती थी किन्तु इसलिए था कि वह यह छलना अपने को सीता में बदलकर करना चाहती थी। यदि राम ने उसकी छलना को ताड़ लिया, तो इसलिए नहीं कि विष्णु का अवतार होने के नाते वह सर्वज्ञाता थे, बल्कि इसलिए कि खोई हुई सीता उनकी स्मृति में जीवित थी, जिसके कारण वह उसे सती में पाकर आत्म-विस्मृति का शिकार नहीं होना चाहते थे। मनुष्य जब अपनी स्मृति इतिहास के हाथों में बेच देता है, तभी प्रगति की छलना शुरू होती है, जिसके मायाजाल में वह अपने को तो नष्ट कर ही देता है, उस भविष्य तक भी नहीं पहुँच पाता, जिसकी वेदी पर उसने अपने आत्म को बलि पर चढ़ा दिया था। वह उस आदमी की तरह है जो किसी दूसरे व्यक्ति के पासपोर्ट पर अपना फ़ोटो चिपका लेता है और जब वर्तमान की सीमा लाँघकर भविष्य में प्रवेश करता है, तो सीमा पुलिस का इंस्पेक्टर एक हाथ बढ़ाकर उसे बधाई देता है और दूसरे हाथ से पासपोर्ट पर लगी फ़ोटो देखकर कहता है—मुझे मालूम है, यह आप ही हैं, किन्तु जिस आदमी का फ़ोटो इस पर लगा है, वह कब का मर चुका है।

जर्मन चिन्तक और आलोचक वॉल्टर बेन्जामिन ने पॉल क्ले के एक चित्र में इतिहास के देवदूत को देखा था :

> उसकी पीठ भविष्य की तरफ़ है और चेहरा अतीत की ओर मुड़ा है। ढहते हुए खँडहरों का ढूह उसके पैरों पर जमा होता जाता है। देवदूत अपने पैर जमा कर कुछ देर ठहरना चाहता है,

> ताकि मृतकों को जगा सके और अपने को उनके साथ जोड़ सके जो टूट-टूटकर खंडित हो चुके हैं लेकिन स्वर्ग से एक आँधी चल रही है जो उसे भविष्य की ओर धकेलती ले जाती है, जहाँ उसकी पीठ है जबकि उसके सामने खँडहरों का ढेर आकाश को छूने लगता है। हम जिसे प्रगति कहते हैं, वह और कुछ नहीं, यह आँधी है।

अतीत की ओर उन्मुख होकर भी भविष्य की ओर घिसटते जाना—यह कैसी विचित्र और अभिशप्त नियति है? जिस अतीत में मनुष्य कभी जीता था, वहाँ अब सिर्फ़ खँडहरों की ढूह दिखाई देती है और जिस भविष्य की ओर वह धकेला जा रहा है, वहाँ उसकी पीठ है, जिसे वह देख नहीं सकता। इन दोनों के बीच यदि वह अपने पैर जमा कर तनिक छोटी-सी ठौर बना सके—तभी यह सम्भव हो सकता है कि वह मनुष्य के तौर पर अपनी स्थिति के बारे में कुछ सोच सके। काल के झंझावात के बीच यह वह पड़ाव है, जहाँ विचार और स्मरण करने की जगह बचती है, जिसके घेरे में ही दर्शन, चिन्तन या सृजन सम्भव हो पाता है। हर आने वाली पीढ़ी अतीत और भविष्य के बीच इस सँकरी जगह में अपने पदचिह्न और स्मृति-संकेत छोड़ जाती है, जो परम्परा का ही दूसरा नाम है। यह वह जगह है, जहाँ मनुष्य काल-प्रवाह के बीच अपने होने का प्रमाण और पहचान, दोनों ही अंकित करता है।

यहीं से इस सृष्टि में मानव-स्थिति की विडम्बना का सूत्रपात भी होता है। समय का जो विभाजन मनुष्य अपनी चेतना में करता है, प्रकृति की अखंडित काल-चेतना में क्या उसका कोई महत्त्व है? प्रकृति की काल-चेतना शतकों और शताब्दियों में नहीं, युगों में फैली होती है जहाँ लाखों वर्ष ब्रह्म की एक पलक झपकते ही गुज़र जाते हैं। काल का यह 'कालातीत' बोध आज भी मनुष्य की स्मृति में मौजूद है वरना

पुराणों में उसकी परिकल्पना असम्भव होती। पुराण और मिथक-कथाओं से आधुनिक उपन्यासों तक यदि यह 'कालातिक्रमण' हमेशा से होता आया है, तो इसलिए कि मनुष्य पहली बार अपनी उपस्थिति से प्रकृति के निरपेक्ष काल-प्रवाह में अवरोध उत्पन्न किया था। काल के इस अवरोध में ही मनुष्य की चेतना भूत और भविष्य के प्रति पहली बार सचेत हुई थी। जिसे हम मनुष्य का 'इतिहास बोध' कहते हैं, वह सिर्फ़ प्रकृति के काल-बोध को खंडित करके ही उपलब्ध किया जा सकता है। ठीक इस बिन्दु पर मनुष्य अपने को सबसे अकेला भी पाता है...। क्या प्रकृति की काल-चेतना से स्खलित होकर वह इस धरती पर अपनी नियति का निर्माता हो सकता है?

मुझे लगता है, जब तक हम इस प्रश्न का सामना नहीं करते, तब तक हम इतिहास की अँधेरी भूल-भुलैया में भटकते रहेंगे। इतिहास उस अर्थ में नहीं, जहाँ हर होने वाली घटना किसी विगत घटना की पुनरावृत्ति है। एक ऋतुचक्र में 'नया' होता हुआ भी अपने को दुहराता हुआ, बल्कि ऐसे अर्थ में जहाँ वह होता नहीं, बनाया जाता है और बनाने की प्रक्रिया में मनुष्य अपने को रचता जाता है—उपन्यास की उन घटनाओं की तरह, जो कथ्य की देह को उघाड़ती हैं और उघाड़ने की इस प्रक्रिया में अपना रूप-आकार, अपनी प्राणवत्ता हासिल करती हैं। इस लिहाज़ से इतिहास की भारतीय और यूरोपीय अवधारणाएँ एक-दूसरे से इतनी भिन्न हैं। हम जिसे 'हिस्ट्री' कहते हैं, वह मानो एक अनलिखा उपन्यास है, जिसकी हर घटना मनुष्य को एक पूर्व-निर्धारित नियति की ओर ले जाती है...जबकि भारतीय दृष्टि में इतिहास का कथ्य पहले से ही लिखा जा चुका है, जहाँ कोई घटना नई नहीं है और हर घटना में मनुष्य अपने को दुहराता है।

विचित्र बात यह है कि इतिहास की ये अवधारणाएँ एक-दूसरे से इतनी भिन्न जान पड़ती हुई भी मनुष्य के अनुभव-संसार में एक साथ

स्पन्दित होती हैं। क्या हमारे हर अनुभव में स्मृति का आलोक और होने वाली घटना का अनिश्चय भाव, दोनों ही शामिल नहीं होते? हमें एक ओर यह आभास होता है कि हमारे साथ जो कुछ हो रहा है, वह कभी पहले घट चुका है, दूसरी तरफ़ यह भी लगता है कि हम उस अनुभव को पहली बार झेल रहे हैं। मृत्यु अपने को हर प्राणी में दुहराती है, किन्तु हर प्राणी मृत्यु को पहली बार झेलता है। जो घटना जीव मात्र के लिए पुनरावृत्ति होती है, वही हर जीव के लिए एकदम विशिष्ट और अनोखी होती है। हर वसन्त में पेड़ों पर पत्ते आते हैं, किन्तु ये वे ही पत्ते नहीं हैं, जो पिछले पतझड़ में झरे थे। एक पत्ते की दृष्टि से देखें तो यह पहली बार पेड़ उगा है और यही अपने में एक चमत्कार है, जबकि प्रकृति की दृष्टि से देखें तो इसमें चमत्कार कुछ भी नहीं है, यह ऋतु चक्र की अनवरत लीला है। प्रकृति में ऋतुओं की आवृत्ति अनिवार्य है जो उसे सातत्य प्रदान करती है। इतिहास में जो परिवर्तन होते हैं, उन्हें सातत्य देने वाली सिर्फ़ एक कड़ी है और वह है—मनुष्य की स्मृति। यदि हम बिलकुल बदल जाते हैं, यदि हर परिवर्तन हमें एक नितान्त नई अवस्था में ले जाता है, तो इतिहास की कोई ज़रूरत नहीं। चूँकि हर परिवर्तन एक नई शुरुआत है, वहाँ स्मृति के लिए कोई गुंजाइश नहीं—जहाँ स्मृति नहीं, वहाँ इतिहास कैसा? इतिहास की यह अवधारणा जहाँ हर घटना अपने में विशिष्ट और अभूतपूर्व है, क्या अन्ततः मनुष्य के इतिहास-बोध को ही नष्ट नहीं कर देती?

दूसरी ओर यदि हम परिवर्तन को एक छलना मानकर चलें, जहाँ नया कुछ भी नहीं होता, तो वहाँ भी स्मृति के लिए कोई जगह नहीं रहती। हम वही याद करते हैं, जो बीत गया है और कहीं बीच में हमें बदल गया है। यह नहीं कि हम कुछ और हो गए हैं, सिर्फ़ इतना ही कि हम वह नहीं रहे, जो पहले थे—कुछ ऐसे ही, जैसे बुढ़ापे में कोई व्यक्ति अपने को याद करता है, जैसा वह बचपन में था।

स्मृति जो परिवर्तनों के भीतर मनुष्य को सातत्य प्रदान करती है, मनुष्य का वही सातत्य स्मृति को जीवित रखने को स्पेस प्रदान करता है। जब इतिहास स्मृति से विच्छिन्न हो जाता है, वहाँ इतिहास नहीं, इतिहास का आतंक प्रकट होता है—एक ऐसा आतंक, जिसमें मनुष्य भविष्य को बनाता नहीं, एक आँधी में उलटे पैर उसकी ओर घिसटता जाता है...और वह अतीत जिसमें एक समय वह स्मृतियों को सँजोता था, वहाँ खँडहरों का ढेर जमा होने लगता है। हमने ऊपर मनुष्य के आत्म-विभाजन की जिस स्थिति का उल्लेख किया था, हमारे युग में शायद स्मृति और इतिहास का विभाजन सबसे अधिक त्रासद और यातनामय सिद्ध हुआ है।

इतिहास में संस्कृतियों की मृत्यु होती है किन्तु हर संस्कृति का अनुभव मनुष्य में हमेशा जीवित रहता है। वह स्मृति के रूप में जीवित हो या मिथक के रूप में, यह दूसरी बात है। मुझे यह काफ़ी विचित्र लगता है कि जिस कर्म-सिद्धान्त की इतनी चर्चा हिन्दू और बौद्ध दर्शन में की जाती है, उसका संस्कृतियों की मृत्यु और पुनर्जन्म की अनन्त श्रृंखला में कोई उल्लेख नहीं मिलता। इस अभाव के रहते ही हमारे इतिहासकार और नृ-विज्ञानशास्त्री इतनी आसानी से मनुष्य के जीवन-अनुभव को प्राच्य और आधुनिक, मिथक और इतिहास में विभाजित कर देते हैं—जो इतिहास के काल-प्रवाह में भले ही सच हो, मनुष्य के अस्तित्व-प्रवाह में कहीं भी अनुभूत नहीं होता। धरती के किसी भी भू-प्रदेश या काल-खंड में मनुष्य ने जो भी किया, देखा है, भोगा-भुगता है, उसका स्मृति-अवशेष हमेशा के लिए, मनुष्य में उपस्थित रहता है। कोई कर्म ऐसा नहीं जो प्राच्य मनुष्य ने किया हो—हज़ारों वर्ष पहले, जो आधुनिक मनुष्य अपने अनुभव में नहीं ढोता।

फ्रॉयड ने इस मनोवैज्ञानिक सत्य को बहुत काव्यात्मक शब्दों में व्यक्त किया है :

> हमारी कुछ ऐसी आकांक्षाएँ और अन्त:प्रभाव हैं, जो अँधेरी गहराइयों में दबे रहते हैं, किन्तु उन्हें कोई नष्ट नहीं कर सकता। शतक पर शतक बीत जाने के बाद भी वे जीवित रहते हैं और ऐसा लगता है, मानो वे अभी-अभी घटे हों!

वे नैतिकता से परे हैं—न अच्छे, न बुरे—काल के प्रभाव से सर्वथा अछूते। वास्तव में मनुष्य एक चलता-फिरता फ़ॉसिल है, जिसमें न जाने कितने काल-पुरुषों के स्मृति-स्वप्न, दु:ख-अवसाद, आतंक और आनन्द की पुरातन परतें और अनुभव अस्थियाँ शामिल हैं। यदि ऐसा न होता, तो बीसवीं शती में रहनेवाला हर व्यक्ति बीस हज़ार वर्ष पुराने गुहा-चित्रों में अपनी छवि न देख पाता, न दो हज़ार वर्ष पहले लिखे महाकाव्यों में व्यक्त मानवीय अनुभूतियाँ आधुनिक मनुष्य के मन को इतने गहन स्तर पर आलोड़ित कर पातीं। इतिहास में होनेवाले हर परिवर्तन, हर घटना-दुर्घटना की छाया हम मनुष्य की प्रकृति में देख सकते हैं। यह वही प्रकृति है जिसका रहस्योद्घाटन हर कथा-कृति में होता है—वह चाहे पौराणिक मिथक-कथा हो, महाकाव्य हो अथवा आधुनिक जीवन का कोई उपन्यास हो। इन कथाओं में हम वे स्मृति-अवशेष देख सकते हैं, जो मनुष्य-प्रकृति से अलग होकर भी अपने स्वभाव में ले आया था। हम जिसे मानव-प्रकृति कहते हैं, वह कुछ और नहीं, सिर्फ़ एक स्क्रीन है, जिस पर उस विराट प्रकृति की छायाएँ मँडराती हैं। इस तरह एक कथा का आख्यान इतिहास के कथ्य से मिलता भी है और अलग भी होता है। इतिहास जहाँ इस आत्मचेतन मनुष्य को अपने अध्ययन का विषय और ऑब्जेक्ट बनाता है, वहाँ एक कथा में मनुष्य की नियति इतिहास के बीच होते हुए भी अपनी स्मृतियों, अर्द्धस्मृतियों और अन्त:प्रेरणाओं द्वारा उद्घाटित होती है। मनुष्य समूची सृष्टि और समस्त काल के भीतर रहने वाला जीव-प्राणी है—प्रकृति से अलग किन्तु इतना अलग नहीं,

जहाँ वह एक निर्वासित मनुष्य की तरह जीने के लिए अभिशप्त हो... प्रकृति से छूटा हुआ, किन्तु इतना छूटा हुआ नहीं, जहाँ 'छूटने' का यह भाव आत्म-निर्वासन की व्यथा का स्थान ले सके। मिथक-कथाओं और पौराणिक आख्यानों में अब भी वह जादुई शक्ति मौजूद रहती है, जहाँ वह 'छूटते हुए घर' की झलक पा सकता है। स्मृति अभी विस्मृति के कुहासे में नहीं डूबी है। यह संयोग नहीं है, दुनिया की अनेक मिथक-कथाओं और महाकाव्यों के सांस्कृतिक सन्दर्भ भले ही एक-दूसरे से भिन्न हों—उनमें जीने वाले मनुष्य पात्रों की अन्त:प्रेरणाएँ कमोबेश एक जैसी ही रहती हैं। मिथक-बोध उस अन्तराल में जन्म लेता है, जहाँ मनुष्य प्रकृति के समय से अलग हो गया है, किन्तु अभी इतिहास के चंगुल में नहीं फँस पाया है।

शायद यहीं से इतिहास की आत्म-छलना शुरू होती है और उसका दर्पपूर्ण महत्त्वाकांक्षा भी। यदि मनुष्य की पहचान उस क्षण से शुरू होती है, जब उसने प्रकृति के काल-बोध को खंडित करके इतिहास में अपनी जगह बनाई थी, तो क्या उस प्रकृति के नियमों को नहीं जाना जा सकता जिसका काल-बोध अब भी उसके भीतर है? जिस तरह प्रकृति के परिवर्तन चक्र में एक अपरिहार्य नियामकता है, तो क्या हम इतिहास में उसी प्रकार नियामक-सूत्र नहीं खोज सकते जिनके अनुसार मानव समाज में परिवर्तन होते हैं? उन्नीसवीं शती का इतिहास-बोध—वह चाहे हेगेल की 'आइडियलिस्ट' दृष्टि हो अथवा मार्क्स का द्वंद्वात्मक भौतिकवाद—क्या अपने-अपने ढंग से परिवर्तन की वह लौहवत् अनिवार्यता इतिहास पर आरोपित नहीं करता, जो उसने प्रकृति में देखी थी? एक बार परिवर्तन के नियमों को जान लेने के बाद इतिहास की प्रयोगशाला में मनुष्य का भविष्य कितनी आसानी से निर्धारित किया जा सकता है—इतिहास की आकांक्षा इस विश्वास में निहित रही है।

हमारे समय में यदि 'ऐतिहासिक अनिवार्यता' में यह विश्वास इतना खंडित और मृतप्राय: दिखाई देता है, तो इसलिए कि इतिहास की इस महत्त्वाकांक्षा में ही उसकी आत्मछलना भी मौजूद थी। यदि इतिहास में मनुष्य आत्मचेतन होता है, तो इसलिए कि वह प्रकृति के नियामक चक्र से मुक्ति पाकर कहीं अपनी स्वतंत्र-मेधा के आलोक में रहता है—अतीत और भविष्य के एक ऐसे बिन्दु पर—जहाँ वह दोनों को अपनी खुली आँखों से देख सके। इससे बढ़कर क्रूर विडम्बना क्या होगी कि जिस प्रकृति के नियमों से मुक्त होकर मनुष्य ने अपनी स्वचेतना अर्जित की थी, इतिहास उसे अपने अनिवार्य नियमों में बाँधने का प्रयास करे—एक हाथ से उसे मुक्ति देकर, दूसरे हाथ से उसे वापस लौटा ले। उन्नीसवीं शती के इतिहास-बोध में अन्तर्विरोध का यह विषैला बीज ही था, जो हमारे समय की उन समस्त विचारधाराओं में फला-फूला था, जिसके कारण आज मनुष्य अपने को इतना निरीह और संत्रस्त पाता है—विशेष कर उन देशों में, जहाँ ये विचारधाराएँ मनुष्य की नियति निर्धारित करती थीं।

इधर पिछले कुछ वर्षों में यूरोपीय चिन्तक अपने मोह-भंग के विषाद में अक्सर यह कहते सुने गए हैं कि हम इस छोर पर पहुँच गए हैं, जहाँ इतिहास की समस्त विचारधाराएँ समाप्त हो चुकी हैं—जिसे वह 'आइडियोलॉजी के अन्त' (End of Ideology) की संज्ञा देते हैं किन्तु क्या यह उस इतिहास-बोध की समाप्ति का समय भी नहीं है, जिनके भीतर से इन विचारधाओं का जन्म हुआ था, जिसे इतिहास-बोध का अन्त (End of History) कहना ज़्यादा उचित होगा? यहाँ हमें इस प्रश्न का सामना करना होगा कि इतिहास यदि छलना है, तो वह स्वतंत्रता-बोध क्या है, जो उसने इतिहास के भीतर ही उपलब्ध की थी? क्या ऐतिहासिक समय से मुक्त होकर वह अपनी स्वतंत्रता खो देगा—जो उसने मनुष्य की हैसियत से सिर्फ़ इतिहास में पाई थी?

अत: मोहभंग के इस कगार पर खड़े हुए सिर्फ़ इतिहास के सम्बन्ध में ही शंका नहीं होती, स्वतंत्रता की उस अवधारणा के बारे में भी शंका उठती है, जिसे एक समय मनुष्य ने अपनी आत्म-चेतना, अपने विवेक, अपनी तर्क-बुद्धि का सबसे उज्ज्वल और 'विश्वसनीय' प्रतीक माना था। एक तरह से मनुष्य का मनुष्यत्व इसी प्रतीक द्वारा उद्घाटित होता था। वह एक सम्बल और आलोक-स्तम्भ था, जिसके रहते उसने एक ओर ईश्वर की अलौकिक सत्ता और दूसरी ओर प्रकृति की सार्वभौमिक अनिवार्यता को नकारने का साहस जुटाया था। आज यह आलोक-स्तम्भ इतना धूमिल और धुँधला पड़ चुका है कि मनुष्य को स्वयं अपनी स्वचेतना पर सन्देह होने लगा है। मनुष्य की स्वतंत्र मेधा जैसी क्या कोई चीज़ है अथवा वह सिर्फ़ एक मरीचिका है, जिसे मनुष्य प्रकृति से निर्वासित होकर इतिहास में ढूँढ़ता रहा है? आज जिस जगह पर खड़े होकर मनुष्य यह प्रश्न पूछता है, उसे पहचानना आवश्यक है।

यह वह स्थान है जहाँ न मनुष्य इतिहास का निर्माता है, न महज़ उसकी विषयवस्तु। वह एक ऐसा व्यक्ति है, जिसे इस धरती पर रहने के लिए कुछ वर्ष मिले हैं और जिसे अपनी मृत्यु की अनिवार्यता का अहसास है। यह मृत्यु-बोध एक तरह से उसकी मुक्ति का बोध भी है क्योंकि वह सिर्फ़ उस सीमा तक मनुष्य है, जिस सीमा तक अपने मनुष्यत्व को अभिव्यक्त करने के लिए स्वतंत्र है। उसके परे इतिहास है, ईश्वर है, प्रकृति है। दु:ख यह नहीं है कि वह इन शक्तियों के सामने अपने को पराधीन या पराजित मानता है, बल्कि यह कि जिस ऐतिहासिक समय में वह मुक्त होता है, वहीं वह आत्म-खंडित होने पर भी मजबूर होता है। मुक्ति और मजबूरी एक साथ चलते हैं। क्या हम मुक्त रहकर भी इतिहास द्वारा दी गई इस मजबूरी से छुटकारा पा सकते हैं? दूसरे शब्दों में, क्या इतिहास के समय से बाहर रहकर किसी और समय में रहा जा सकता है? हमारे समय में ही ऐसे साधु-संन्यासी हैं,

जो समूचा जीवन हिमालय की गुहा-कन्दराओं में काट देते हैं—क्या वे किसी दूसरे समय में जी रहे हैं? पिछले वर्षों में हज़ारों की संख्या में यूरोप के युवक-युवतियाँ अपनी संस्कृति से क्षुब्ध होकर प्राच्य दर्शनों में मुक्ति खोज रहे हैं—क्या इसी से वे यूरोप के ऐतिहासिक समय से बाहर निकल आए हैं? और हमारे देश के लाखों आदिवासी...? वे क्या ऐसे समय में नहीं जी रहे, जिसका न पश्चिमी इतिहास, न भारतीय संस्कृति से कोई लेना-देना है, किन्तु जिनकी चेतना आज हमारे भीतर एक खोई हुई स्मृति की तरह जीवित है? क्या केवल कथा-कृतियों और मिथक-कथाओं में ही ये अलग-अलग दीखने वाले काल-खंड एक अखंडित अनुभव में समाहित होते हैं?—ये कुछ ऐसे प्रश्न हैं, जिन पर मैं अगले व्याख्यानों में विचार करना चाहूँगा।

दूसरा व्याख्यान

24 जनवरी, 1990

साहित्य अकादेमी सभागार

रवीन्द्र भवन

नई दिल्ली

पिछला व्याख्यान एक प्रश्न पर आ अटका था। प्रश्न था, क्या मनुष्य इतिहास के बाहर किसी और समय में रह सकता है? रहना भी चाहे, तो क्या ऐसा करने में स्वतंत्र है? यदि स्वतंत्र हो भी, तो क्या वह वांछनीय होगा? काल-वृक्ष की जिस डाल पर बैठकर मनुष्य अपनी पहचान, अपने 'होने' का स्मृति-चिह्न, अपना 'मनुष्यत्व' अंकित करता है, क्या यह उसी डाल को काट डालने जैसा आत्मघाती कर्म नहीं होगा? संक्षेप में कहें, तो क्या यह उस 'मनुष्य' की छवि और अवधारणा का ही अन्त न होगा, जिसे वह अब तक इतिहास के चौखटे में जड़ता आया है—लगभग वैसे ही, जैसे कोई व्यक्ति काल के अन्तिम छोर पर जाकर कहीं उसके परे चला जाए...समय की रेत पर अपना एक भी पदचिह्न पीछे न छोड़ जाए?

सच तो यह है, यदि ऐसा होता है, तो पहली बार नहीं होगा। मनुष्य नाम का जीव आज भी दिखाई देता है, किन्तु पिछले हज़ारों वर्षों की

गर्द और धूल में वे संस्कृतियाँ हमेशा के लिए दब गई हैं, जिनके भीतर मनुष्य ने अपने आत्म-बिम्ब, अपनी अवधारणाएँ, अपने स्मृति-संकेतों को गढ़ा था। जिस मनुष्य को हम आज देखते हैं, उसके पीछे छूटी हुई प्रकृति और नष्ट हुए जीव-जन्तुओं का ही इतिहास नहीं, स्वयं मनुष्य की सैकड़ों सृष्टियाँ और अन्तर्दृष्टियाँ दबी हैं, जो आधुनिक मनुष्य की तुलना में किसी भी अर्थ में कम अर्थपूर्ण और मूल्यवान नहीं थीं। आज का मनुष्य विस्मृत मनुष्य की अनेकानेक सृष्टियों का स्मारक है।

किन्तु जिसे हम 'विस्मृत' कहते हैं, वह मृत नहीं है, वह सिर्फ़ 'अनुपस्थित' है—उन ख़ाली विरामों की तरह, जो शब्दों के बीच रहते हैं। वे अदृश्य भले ही हों, अर्थहीन नहीं हैं बल्कि यह कहना ज़्यादा सही होगा, वे ऐसे रिक्त स्थान हैं, जहाँ शब्दों के स्थगित अर्थ वास करते हैं। उनकी सुरक्षा इसी में है कि वे अदृश्य रहकर स्वयं इतिहास के भीतर शरण पा सकें—इतिहास के हाशिये पर शरणार्थी अर्थ। हम जिसे 'परम्परा' कहते हैं, वह इन्हीं विस्मृत अर्थों की शृंखला से बनी होती है। जब मनुष्य पर इतिहास का बोझ असह्य हो जाता है, तो वह इन्हीं में अपना आश्रय खोज लेता है। वे उसके आत्म के ऐसे स्मृति-खंड हैं, जो इतिहास के उजले पन्नों के नीचे अंडरग्राउंड अँधेरे में वास करते हैं। उनसे सम्पृक्त होने का मतलब है—विस्मृत का स्मृति में लौट आना।

मैं विस्तार से इसकी चर्चा अपने अन्तिम व्याख्यान में करना चाहूँगा। यहाँ सिर्फ़ इतना कहना ही काफ़ी होगा कि किसी महान कलाकृति का सत्य मनुष्य के इस लौटने के क्षण में सबसे अधिक सघनता से महसूस होता है। यह अकारण नहीं है कि 'महाभारत' या 'इलियड' के सबसे मार्मिक स्थल वे हैं—जब युद्ध के घटाटोप तले धूल में लिथड़ी हुई लाशों के बीच किसी पात्र की स्मृति में सहसा वह स्थिति कौंध जाती है, जब वह अपने आत्म के घेरे में उतना ही सुरक्षित था,

जितना कोई व्यक्ति अपने घर की चारदीवारी के भीतर होता है। वह अपने से निर्वासित होकर वह नहीं बना था, जो वह आज है—इतिहास की गलियों में भटकता एक बदहवास प्राणी। क्या कभी हम 'इलियड' का वह दृश्य भूल सकते हैं जब हैक्टर मृत्यु से बचने के लिए अपने शहर की गलियों में भागा जा रहा है—पराजित, शस्त्रहीन, अपनी घातक नियति की छाया में हाँफ़ता हुआ और तब सहसा उसे अपने शहर के चौराहों पर लगे फ़व्वारे और सुन्दर पत्थरों के बेसिन दिखाई दे जाते हैं, जहाँ शान्ति के दिनों में ट्रॉय की सुन्दर लड़कियाँ और कुलवधुएँ हाथ-मुँह धोने आती हैं? काव्य सत्य का यह विलक्षण उदाहरण है—जहाँ मृत्यु हैक्टर के पीछे भाग रही है और हैक्टर स्मृति के दरवाज़े से दुबारा अपने विगत जीवन की सुरक्षा में लौट रहा है। स्मृति का यह द्वार इतिहास के चक्रव्यूह से कितना अलग है, जिसके दरवाज़े से अभिमन्यु भीतर चला गया था, किन्तु जिसे लौटने का रास्ता मालूम नहीं था? हर महान कथाकृति में 'लौटने' के क्षण जागृति के क्षण होते हैं, जो युद्ध, क्रान्ति और विनाश के कुहासे में छिप गए थे। कथाकृति इतिहास का निषेध नहीं करती, सिर्फ़ विस्मृति के उन क्षणों को आलोकित करती है, जो इतिहास के टेक्स्ट में ख़ाली पड़े रहते हैं...जिसके कारण स्वयं इतिहास की घटनाएँ सच्ची और वास्तविक होती हुई भी एक विराट, अर्थहीन मरुस्थल जान पड़ती हैं। यह वही मरुस्थल है, जिसे पास्तरनाक के उपन्यास 'डॉ. ज़िवागो' में युद्ध से लौटता हुआ एक सैनिक ट्रेन की खिड़की से बाहर देखता है :

> घर लौटते हुए उसे लग रहा था, मानो युद्ध, मृत्यु और विनाश के लम्बे मरुस्थल के बाद वह पहली बार किसी वास्तविक घटना का अनुभव कर रहा है—यह घटना थी, उसका धीरे-धीरे घर के पास पहुँचना—एक ऐसा घर, जो अब भी

> सुरक्षित है, जिसकी हर ईंट-पत्थर से वह परिचित है। यह जीवन का असली, अर्थपूर्ण, अनुभव था, उसकी भटकती हुई यात्रा का एकमात्र लक्ष्य—शायद कला का लक्ष्य भी यही है, अपने घर लौटना, जहाँ परिवार है, मैं हूँ, मेरा अस्तित्व है...।

उपन्यास का यह उद्धरण न केवल कला की परिभाषा देता है, बल्कि उस आवास-स्थल की ओर भी लक्ष्य करता है, जिसके भीतर मनुष्य की आत्मा वास करती है। इतिहास की दारुण स्थितियाँ वे हैं, जब मनुष्य स्वयं अपने को इस स्थल से निर्वासित पाता है। सिमोन वेल के शब्दों में तब :

> वह मनुष्य न रहकर एक वस्तु में बदल जाता है। वह जी रहा है, उसकी आत्मा है, फिर भी वह एक वस्तु है...।

आत्मा जब किसी वस्तु में रहने के लिए बाध्य हो जाती है, तो उसका हर अंश तड़पता है। अब मनुष्य एक ऐसी विराट शक्ति-मंडल के अन्तर्गत संचालित होने लगता है जहाँ वह ऐसा कर्म करने में भी नहीं झिझकता, जिसकी वह कल्पना भी नहीं कर सकता। युद्ध से लौटा हुआ कोई सैनिक, अथवा क्रान्ति के झंझावात में भाग लेता हुआ कोई व्यक्ति जब अपने अकेले कमरे में अपने अनुभव के बारे में सोचता है तो उसे लगता है, वह कोई और ज़िन्दगी जी रहा था—किसी अतिमानवीय शक्ति द्वारा परिचालित, जिस पर उसका कोई वश नहीं। वह जो कुछ अब तक था, उससे स्खलित होकर अब वह कोई 'अन्य' बन जाता है और चूँकि यह 'अन्य' वह स्वयं है, कोई बाहर का प्राणी नहीं, अपनी सहजावस्था में पहुँचते ही वह पहली बार अपने को, स्वयं अपने 'आत्म' को, अपनी अवस्था को नये सिरे से देखने लगता है—क्या मैं वही था, जिसने यह कर्म किया था?

कहते हैं, ईसा की मृत्यु के बाद कुछ शताब्दियों तक यह प्रश्न कुछ आश्चर्य और अविश्वास से पूछा जाता था—आदमी कैसा जीव है जो ईश्वर-पुत्र को सूली पर चढ़ा सकता है? क्या यह हमीं थे—हमारे जैसा मनुष्य—जिसने यह भीषण पाप किया था? मनुष्य अपने से यह कुछ वैसे ही पूछता है, जैसे कोई अपराधी हत्या करने के बाद कुछ हैरत से अपने ख़ून-रँगे हाथों को देखता है—क्या मैं वही हूँ, जो कुछ मिनट पहले था?

अपने प्रति सचेत होने का क्षण अक्सर कथा और काव्य में आता है, इतिहास में नहीं...किन्तु जब कभी आता है, तो दो बातें एक साथ होती हैं—एक तरफ़ मनुष्य को अपनी समूची स्थिति अवास्तविक जान पड़ती है, जैसे यह कोई स्वप्न था? दूसरी तरफ़ उसे अपनी स्वायत्त सत्ता अपनी स्वतंत्र मेधा पर शंका होने लगती है। जिस इतिहास-काल में प्रवेश करके मनुष्य ने अपनी स्वतंत्रता प्राप्त की थी, उसी इतिहास के सबसे चेतन और मर्मान्तिक क्षणों में उसे अपनी स्वतंत्रता खोखली छलना जान पड़ने लगती है। पहली बार उसे यह त्रासद अनुभव होता है कि वह स्वचेतना से सम्पन्न व्यक्ति न होकर सिर्फ़ कठपुतला है—समुद्र की लहरों पर गिरता-उछलता कोई पत्थर—एक ऐसी अज्ञात और अदृश्य शक्ति द्वारा परिचालित वस्तु जिसका उसकी इच्छाओं, आकांक्षाओं और संकल्पों से कोई लेना-देना नहीं। जब वॉल्टर बेन्जामिन जैसे मार्क्सवादी चिन्तक ने इस अदृश्य शक्ति की तुलना आँधी से की थी, तो उससे यही सिद्ध होता है कि स्वयं इतिहास और प्रगति में विश्वास रखने वाला चिन्तक भी इस शक्ति का स्रोत कहीं इतिहास के बाहर देखता है—जैसे वह कोई अतिमानवीय प्राकृतिक झंझावात हो, जिसके थपेड़ों से मनुष्य की अपनी स्वायत्त सत्ता, अपनी संकल्प-शक्ति, उसका नैतिक विवेक बार-बार टूट जाता है।

स्वतंत्रता की चिरन्तन आकांक्षा और इतिहास की यह अज्ञात अतिमानवीय शक्ति—इन दोनों के बीच कितनी गहरी अँधेरी खाई फैली है! आश्चर्य तो यह है कि शायद ही कोई इतिहासवेत्ता इस खाई के भीतर झाँकने का जोखिम उठाता हो। इतिहास के परिवर्तनों के नियम-क़ानूनों को अवश्य गढ़ा जाता है; किन्तु उस शक्ति का अन्तिम स्रोत कहाँ है—जो लाखों लोगों की नियति, उनकी जीवन-व्यवस्था, उनके सुख-दु:ख को मर्यादित करती है?—इसका सन्तोषजनक उत्तर कहीं नहीं मिलता। टॉल्स्टॉय ने हताशा के क्षणों में कहा था :

> इतिहास उस बहरे आदमी की तरह है, जिससे प्रश्न कुछ और पूछे जाते हैं और वह उत्तर कुछ और देता है। उसे न इस आँधी से कोई वास्ता है, जो मनुष्य के ऊपर बहती है, न उन भावनाओं और अन्त:प्रेरणाओं से कोई नाता है, जो मनुष्य के भीतर संचारित होती है।

एक समय था, जब इस शक्ति का स्रोत ईश्वर में ढूँढ़ा जाता था। मनुष्य की नियति किसी मानवेतर दैवी शक्ति द्वारा निर्धारित होती थी। यह आस्था चाहे अपने में कितनी तर्कहीन क्यों न हो, इतिहास का अर्थ इस आस्था में अनुप्राणित होता था। ईसाई-परम्परा में इसीलिए इतिहास के भीतर मनुष्य के अवतरण को शुभ और पवित्र माना गया है। उसके भीतर प्रकृति की अंध अराजकता नहीं, ईश्वरीय सत्ता प्रवाहित होती है। एक तरह से इतिहास का आरम्भ ही ईसा के जन्म से होता है और उनके बलिदान में मनुष्य अपने जीवन का अर्थ पाता है।

> इतिहास मनुष्य की उन सैकड़ों शताब्दियों के दौरान साधना की शुरुआत है, जिसमें मृत्यु की पहेली का हल ढूँढ़ा जाता रहा है, ताकि हम स्वयं अपने जीवन में मृत्यु का अतिक्रमण कर सकें। इसीलिए लोग संगीत की सिम्फनियाँ रचते हैं,

> गणित में असीम और अनन्त की खोज करते हैं किन्तु यह काम आत्मा के उन्मेष और उद्वेलन के बिना नहीं हो सकता। बिना इतिहास के हम आधुनिक मनुष्य की दो मूल्यवान विशेषताओं की कल्पना नहीं कर सकते—स्वतंत्र व्यक्ति की अवधारणा और यह विश्वास कि हमारा जीवन एक बलिदान है।[1]

यहाँ इतिहास को प्रकृति से बिलकुल अलग करके देखा गया है—बल्कि उससे अलग होकर ही इतिहास का पवित्र काल आरम्भ होता है, जहाँ मनुष्य पहली बार अपने जीवन की अर्थवत्ता प्रकट करता है, जो उसके प्रेम और आत्म-बलिदान में ही नहीं, उसकी समूची रचनात्मकता में चरितार्थ होती है। इतिहास की जिस अतिमानवीय शक्ति ने मनुष्य को एक वस्तु में अवमूल्यित कर दिया था, वही शक्ति जब अपना स्रोत ईश्वर में ढूँढ़ लेती है, तो मनुष्य वस्तु की जड़ता से मुक्त होकर एक स्वाधीन व्यक्ति की गरिमा प्राप्त कर लेता है। पवित्रता का यह बोध यदि सिर्फ़ इतिहास में होता है, तो इसलिए कि उसकी हर घटना को—चाहे वह अपने में कितनी भयानक और यातनामय क्यों न हो—ईश्वरीय समर्थन प्राप्त है। दोस्तोएव्स्की के अभिशप्त पात्र अपने जघन्य अपराधों के बावजूद यदि 'ग्रेस' पा लेते हैं, तो इसलिए क्योंकि उनकी 'आत्मा' को कहीं ईश्वर का संरक्षण प्राप्त है। यातना और प्रायश्चित्त के चरम क्षणों में वे अपने जीने का अर्थ और मृत्यु का रहस्य जान लेते हैं।

किन्तु आज हम एक दूसरे समय में रह रहे हैं, जहाँ इतिहास को पवित्र करने वाला ईश्वरीय स्पर्श विलुप्त हो गया है। इतिहासकार परिवर्तनों के स्रोत हर जगह ढूँढ़ते हैं—नेपोलियन की यश-लिप्सा में, हिटलर की उन्मत्तता में, स्तालिन की प्रपंच बुद्धि में, अथवा कुछ दूसरे इतिहासकार उसके स्रोत आर्थिक-सामाजिक परिस्थितियों में खोजते दिखाई देते हैं।

---

1. पास्तरनाक : डॉ. ज़िवागो

स्रोत कहीं भी हो, कुछ भी क्यों न हो, अब वह ईश्वर नहीं रह गया है। ईश्वर के अभाव में इतिहास की हर घटना उच्छृंखल, आकस्मिक और शृंखलाहीन जान पड़ने लगती है। मनुष्य की यातना अब सिर्फ़ यातना है—अन्तहीन, अबाधित, कृपाविहीन—जिसका कोई प्रतिकार और परिशोध नहीं। इतिहास, ईसाई-परम्परा में अभी तक इतिहास है। जब तक उसे ईश्वरीय संरक्षण प्राप्त है, उससे विलगित होकर मनुष्य उसी तरह वस्तु में अवमूल्यित हो जाता है, जिस तरह ईश्वर से वंचित होकर इतिहास प्रकृति में परिणत हो जाता है। इतिहास की त्रासदी इतिहास में नहीं, तब शुरू होती है, जब वह इतिहास नहीं रहता।

शायद यह इतिहास की त्रासदी नहीं, उस इतिहास-बोध की त्रासदी है, जिसने कभी काल के मरुस्थल में ईश्वर के पदचिह्न देखे थे और उसमें मनुष्य की नियति को खोजा था। ईसाई-यहूदी-परम्परा अपने में बहुत मूल्यवान रही है किन्तु उसकी एक बड़ी सीमा यह रही है कि वह इतिहास के बाहर ईश्वर की कल्पना नहीं कर पाती। वह इस सत्य को अनदेखा कर लेती है कि ईश्वर की अवधारणा से पहले एक ऐसा प्राकृतिक परिवेश था, जिसमें ईश्वर की अनुपस्थिति भले ही हो, ईश्वरीय बोध का अभाव न था—यह बोध चाहे अपने में कितना अस्पष्ट और धुँधला क्यों न रहा है। इसके बिना ईश्वर की अवधारणा असम्भव होती।

ईश्वर के जन्म के बारे में अनेक कथाएँ हैं और ईश्वर की मृत्यु-घोषणाएँ भी अनेक बार हो चुकी हैं किन्तु जिस ईश्वरीय बोध का हम उल्लेख कर रहे हैं, उसका ईश्वर के जन्म और मृत्यु से कोई सम्बन्ध नहीं है—कम-से-कम उन ईश्वरीय अवधारणाओं से कोई सम्बन्ध नहीं है—जो इतिहास में विकसित हुई हैं। उसका सम्बन्ध अवधारणा से उतना नहीं, जितना अनुभव से है—ईश्वर के होने से पहले ईश्वर का अनुभव—जिसके भीतर इतिहास की हर घटना—अपना अर्थ न सही—अपनी जगह पा लेती है...यह नहीं कि ईश्वर में विश्वास होने

के कारण मनुष्य इतिहास की अनर्गल घटनाओं में एक अर्थ-व्यवस्था, एक क्रम, एक पैटर्न ढूँढ़ लेता है, इसके विपरीत मनुष्य को यातना के घोर क्षणों में यह इलहाम-सा होता है कि उसकी यातना अनर्गल और अर्थहीन नहीं है कि घटनाओं के कालचक्र में कोई ऐसी जगह है, जहाँ उसका होना अनिवार्य है...और यह बोध, यह इलहाम—जिसका कोई तर्क नहीं—उसे एक ऐसी शक्ति की ओर खींच ले जाता है, जो स्वयं तर्कातीत है, स्वयंभू है, ईश्वर है।

कुछ दिन पहले मैं एक रूसी कवि के संस्मरण पढ़ रहा था, जिन्होंने जीवन के अनेक वर्ष साइबेरिया के लेबर-कैम्प में गुज़ारे थे। उन्हें यह भी नहीं मालूम था, उनका अपराध क्या है। एक रात दरवाज़े पर खटखटाहट हुई और उन्हें अपने घर-बार, अपने शहर, अपने परिवार से सैकड़ों मील दूर भेज दिया गया। वे सर्दी के दिन थे। उन्हें हर रोज़ बाहर किसी जंगल में भेजा जाता था, जहाँ कड़कड़ाती ठंड में उन्हें सुबह से शाम तक काम करना पड़ता था।

एक शाम जब वह थके-माँदे वापस कैम्प लौट रहे थे, अचानक बर्फ़ गिरने लगी और कुछ ही देर में आसपास का जंगल, झोंपड़ियाँ और मैदान बर्फ़ से ढक गए। पिछले वर्षों की थकान और यातना और अकेलेपन के बीच यह नीरव हिमपात उन्हें कुछ अद्‌भुत-सा जान पड़ा। मीलों तक फैला बर्फ़ का विस्तार, एक अनन्त सफ़ेदी में घिरा लैंडस्केप, साइबेरिया के जंगलों में सरसराती हवा—वह एक क्षण के लिए वहीं ठिठक गए और तब उन्हें एक अलौकिक अनुभव हुआ।

उन्हें लगा, जैसे पिछले वर्षों के उत्पीड़ित इतिहास और साइबेरिया के इस वीरान, हिमाच्छादित बियाबान में कहीं कोई गहरी समानता है, जैसे उनकी नियति कहीं इस अनन्त बीहड़ का ही एक अंश हो—उस पेड़ की तरह, जो अपनी नंगी शाखाएँ बर्फ़ के बोझ से चुपचाप नीचे झुका लेता है, और तब उनके भीतर भी कुछ शान्त हो गया।

उन्हें लगा, जैसे इसमें कोई आश्चर्य की बात नहीं कि वह यहाँ हैं, अपने घर-परिवार से सैकड़ों मील दूर, जैसे यह घटना उतनी ही सहज और अनिवार्य हो, जैसे शाम के अँधेरे में बर्फ़ का चुपचाप गिरना... और तब वह सहसा हल्के हो गए मानो बरसों से जमा होता विषाद झर गया हो—कुछ उसी तरह, जैसे धूप निकलते ही पेड़ों की शाखाओं से बर्फ़ झर जाती है और वे फिर अपनी झुकी कमर सीधी कर लेती हैं। मैं समझता हूँ, यह एक दिव्य और अलौकिक अनुभव था, जहाँ मनुष्य सीधा समूची सृष्टि से सम्बन्ध जोड़ लेता है—एक ऐसा सम्बन्ध, जिसमें स्वयं ईश्वर भी हस्तक्षेप करने से डरता है।

क्या यह इतिहास से मुक्ति पाने का अनुभव है? अथवा किसी ऐसे सत्य से साक्षात्कार, जो मनुष्य को स्वयं इतिहास के भीतर जीते हुए अनुभव होता है—कोई ऐसा सत्य, जो विस्मृति के अँधेरे में आँख खोल देता है?

कहते हैं, आदिकाल में मनुष्य सहज रूप से दो काल-खंडों में जीता था—एक वह जिसे हम 'सांसारिक काल' कहते हैं, जहाँ मनुष्य हर तरह की आकस्मिक दुर्घटनाओं के बीच रहता है—मृत्यु, बीमारी और युद्ध के त्रास के बीच; किन्तु जब इनका बोझ असह्य हो जाता है तो वह अनेक कर्मकांडों द्वारा एक दूसरे काल-खंड में भी जा सकता था—एक प्रकार का शुद्ध और शाश्वत समय, जिसके ऊपर सांसारिक दुर्घटनाएँ कूड़े की तरह बह जाती हैं और जैसे कुछ लोग गंगा स्नान करने के बाद अपने पापों से छुटकारा पा लेते हैं और स्वच्छ और हल्के होकर वापस दुनिया में लौट आते हैं, वैसे ही मनुष्य पवित्र काल को स्पर्श करके दुबारा सांसारिक समय के थपेड़ों को झेलने लौट आता था। आदि मनुष्य का यह शाश्वत-बोध वही ईश्वरीय अनुभव है जिसे हर युग में मनुष्य अपने भीतर लेकर जीता है, जिसे हम चाहें तो काल का मिथकीय बोध भी कह सकते हैं—जहाँ अतीत और वर्तमान, विस्मृत और जागृत के बीच की दीवारें ढह जाती हैं।

जब इतिहास इतिहास नहीं रहता तो वह घटना उन ऐतिहासिक धर्मों और विचारधाराओं के लिए ट्रेजेडी सिद्ध होती है जिन्होंने अपनी नियति को इतिहास से जोड़ रखा था। किन्तु स्वयं मनुष्य के लिए यह ट्रेजेडी नहीं, एक वरदान भी साबित होती है, क्योंकि तब इतिहास मनुष्य को वह लौटा देता है जो उसने मनुष्य से इतिहास में प्रवेश करने के टिकट—पैसे की तरह वसूला था—मनुष्य का प्राकृतिक काल-बोध—और बदले में मनुष्य इतिहास को वह वापस कर देता है, जो अपने इतिहास से पाया था—अपनी स्वतंत्रता की छद्म चेतना—जहाँ वह प्रकृति के विरुद्ध अपनी विरोधी सत्ता स्थापित करना चाहता था। इतिहास और प्रकृति का यह अदृश्य लेन-देन बराबर मनुष्य के भीतर चलता रहता है। कभी एक का पलड़ा भारी पड़ता है, कभी दूसरे का किन्तु अब उसे आदि मनुष्य की तरह एक काल-चेतना से दूसरी काल-चेतना में जाने के लिए यज्ञ-अनुष्ठान नहीं करना पड़ता। वह दोनों का साक्षी है और दोनों एक साथ उसके अनुभवों में साझा और संघर्ष करते जान पड़ते हैं। ध्यान से देखें तो किसी कलाकृति का अनुभव आधुनिक जीवन में वही भूमिका अदा करता है, जो किसी समय में आदि मनुष्य कर्मकांड द्वारा सम्पन्न होता था किन्तु यह एक अलग विपय है, जिसकी चर्चा मैं अन्तिम व्याख्यान में करूँगा।

अब हम शायद एक टेढ़े-मेढ़े रास्ते से उस प्रश्न के उत्तर तक पहुँच गए हैं, जो हमने शुरू में पूछा था। वह क्या शक्ति है जो मानव जाति के इतिहास को संचालित करती है? अगर उसका स्रोत ईश्वर में नहीं है और न ही किसी व्यक्ति विशेष की इच्छा की संकल्प-शक्ति में तो उसका एकमात्र आवास-स्थल सिर्फ़ 'मानव प्रकृति' हो सकता है। हम जिसे मनुष्य का नैसर्गिक स्वभाव कहते हैं, अन्ततः वहीं उसकी नियति का सूत्रधार है। मनुष्य जो कर्म करता है, उसके पीछे सैकड़ों अन्तःप्रेरणाएँ सक्रिय हैं जिनके तर्क से स्वयं मनुष्य अपरिचित रहता है।

वह संकल्प कुछ करता है, होता कुछ और है, और जो होता है, उसको किसी विषय और तर्क में परिभाषित नहीं किया जा सकता। टॉल्स्टॉय ने यह उत्तर 'युद्ध और शान्ति' जैसे बृहत् उपन्यास की रचना में खोजा था जहाँ सैकड़ों लोगों की अन्त:प्रेरणाएँ, आकांक्षाएँ एक-दूसरे से टकराती हैं। मनुष्य के कर्म और उसकी अन्तिम नियति के बीच अन्त:प्रेरणाओं का एक विराट समुद्र फैला है, और यह अनुमान लगाना असम्भव है कि उठते हुए ज्वार में कौन-सी लहर ऊपर उठेगी, कितनी दूर जाकर वापस लौट आएगी। इतिहास की कोई घटना कब और कैसी अन्त:प्रेरणा द्वारा परिचालित होगी, इसका एक उत्तर नहीं है और जब उत्तर मिलता भी है, तो हमेशा बाद में, जब वह घटना अपने को मनुष्य की नियति में बदल चुकी है, जिस पर उसका कोई वश नहीं चल सकता।

देखा जाए तो यह एक काफ़ी निराशाजनक उत्तर था, विशेष कर एक ऐसे समय में जहाँ उन्नीसवीं शताब्दी के यूरोपीय मनुष्य को अपना भविष्य निर्धारित करने में पूरा विश्वास था। उन दिनों 'नियति' की यह अवधारणा एक प्रतिगामी अन्धविश्वास जान पड़ती थी, जैसे आज के अनेक प्रगतिशीलों को यह धारणा भी कुछ पलायनवादी जान पड़ेगी... और यदि वे ऐसा सोचेंगे, तो ग़लत नहीं होगा क्योंकि इतिहास और मानव-नियति के बारे में टॉल्स्टॉय का सत्य वही है जो हमें होमर और व्यास के महाकाव्यों में मिलता है। हर व्यक्ति की नियति उसकी प्रकृति पर निर्भर करती है। यदि वह अपने कर्म से अपनी प्रकृति की लय को भंग करता है, तो उसके परिणाम से बचना असम्भव है। 'महाभारत' का युद्ध हमें कितना तर्कहीन जान पड़ता है! ऐसे क्षण आते हैं, जब हमें लगता है कि उसे टाला जा सकता है, किन्तु वह अपनी ही अबाध और अनिवार्य गति से एक-एक क़दम बढ़ता अपनी नियति की ओर बढ़ता जाता है...जिसके परिणाम को न धर्मराज की धैर्यशीलता, न धृतराष्ट्र की आशंका, न विदुर की चेतावनियाँ स्थगित कर सकती हैं।

प्रश्न उठता है, यदि नियति का यह चक्र अनिवार्य है तो मनुष्य इसे स्वीकार क्यों नहीं कर लेता? क्यों वह बार-बार अपने पर शंका करता है, दूसरे को चेतावनी देता है, आशा करता है कि किसी चमत्कार से सब कुछ पटरी पर लग जाएगा और विनाश की घड़ी टल जाएगी? मनुष्य के भीतर वह कौन-सी 'जगह' है, जहाँ से ये प्रश्न, ये आत्म-शंकाएँ, आशा के विरुद्ध ये आशाएँ उठती हैं? अवश्य ही यह एक जगह है—प्रकृति और नियति के बीच एक ऐसा अन्तराल—जहाँ मनुष्य का विवेक-बोध वास करता है। स्वतंत्र मेधा का ऐसा द्वीप, जो एक तरफ़ प्रकृति के थपेड़ों को झेलता है, तो दूसरी ओर नियति को चुनौती देने का साहस भी रखता है। हम जिसे 'मानव प्रकृति' कहते हैं, वह अपने में एक ट्रैजिक अन्तर्विरोधी किन्तु गौरवशाली अवधारणा है। उसमें 'प्रकृति' की अन्धशक्ति है, किन्तु चूँकि वह बाहर न होकर मनुष्य के भीतर है, वह एक तरह से आभ्यन्तरिक 'प्रकृति' है जो सिर्फ़ अपने प्राकृतिक नियमों द्वारा नहीं, मनुष्य की मेधा, आत्मा, कॉन्शस द्वारा—आप उसे कुछ भी नाम दे लें—मर्यादित होने लगती है।

दूसरी तरफ़ यह स्वतंत्र मेधा मनुष्य को इतिहास के चंगुल से बाहर निकलने में भी योग देती है। वह महज़ 'ऐतिहासिक प्राणी' नहीं रह जाता। उसके नियमों, क़ानूनों में बँधा जीवमात्र बल्कि उसका साक्षी हो जाता है और जिस तरह प्रकृति को आभ्यन्तरित (internalise) करके वह उसे मर्यादित कर लेता है, उसी तरह इतिहास को अपने से बाहर निकाल (externalise) कर उसमें एक नैतिक-बोध संचारित करने की क्षमता प्राप्त कर लेता है। यह नहीं कि अब उसके भीतर 'प्रकृति और इतिहास' की शक्तियों का संघर्षण नहीं होता। यह संघर्षण ही है, जिसकी ऊहापोह और रेल-पेल में मानवीय कला और महाकाव्यों का उन्मेष निहित है। वास्तव में मनुष्य का मन ही इस संघर्षण, टकराहट, मन्थन की लीलाभूमि है—एक लहूलुहान लीलाभूमि, जिसकी क्रूरता और

कुहासे के घटाटोप के बावजूद मनुष्य का यह अन्त:विवेक एक लौ की तरह जलता रहता है, जब तक वह स्वयं हताश होकर उसे फूँक मारकर न बुझा डाले...और ऐसा भी होता है, इतिहास में अन्धकार के लम्बे युग आते हैं, अन्धे और अँधेरे युग, किन्तु चमत्कार यह है कि विवेक के जिस दीवे को हम बुझा मानकर आत्मघात की ओर बढ़ते हैं, तभी कोई जीसस, कृष्ण, बुद्ध या गांधी उसे पुन: प्रज्वलित कर देता है। मनुष्य के अन्त:विवेक को केवल मनुष्य को नष्ट करने पर ही नष्ट किया जा सकता है।

यह अन्त:विवेक क्या है? और इतिहास की लीलाभूमि में इसकी क्या भूमिका रही है? प्राचीन भारतीय और ग्रीक चिन्तकों ने इस प्रश्न पर गहन विचार किया था। अद्भुत बात यह है, दोनों लगभग एक ही निष्कर्ष पर पहुँचे थे। यूनानी परम्परा में, विशेष कर होमर के महाकाव्य में इस अन्त:विवेक को सीमा, माप और सन्तुलन में खोजा गया था, जिसका सत्य उतना ही कठोर था, जितना ज्योमेत्री का सत्य होता है। सिमोन वेल 'इलियड' पर लिखे अपने एक विचारपूर्ण निबन्ध में गहरा क्षोभ प्रकट करती हैं कि 'सीमा और सन्तुलन' की अवधारणा, जो यूनानी मनीषा के केन्द्र में थी, अब यूरोपीय भाषाओं में लुप्त हो गई है। कोई ऐसा शब्द नहीं, जो ग्रीक अवधारणा को सही अर्थों में व्यक्त कर सके। मुझे लगता है, सिमोन वेल जिस ग्रीक शब्द का पर्याय आधुनिक यूरोपीय संस्कारों में ढूँढ़ने में विफल रही थीं, वह शब्द 'धर्म' था जो 'सन्तुलन' शब्द की ग्रीक अवधारणा के बहुत निकट बैठता है। धर्म, जो मनुष्य और उसकी प्रकृति के बीच सन्तुलन है, जिसकी मर्यादा भंग करते ही हर व्यक्ति को अपना नरक भोगना पड़ता है—नरक, जो 'नेमेसिस' है, इतिहास के हर पात्र पर एक काली छाया-सा मँडराता हुआ, यूनानी जिसे 'ह्यूबरिस' (hubris) का अभिशाप मानते थे। मनुष्य का यह अन्त:विवेक समाज की नैतिक मान्यताओं से नहीं आता, जो बदलती रहती हैं।

यह आता है, उस असीम विस्तार के बोध से, जो इतिहास के ऊपर फैला है और मनुष्य के भीतर भी। दोनों एक समान नहीं हैं, बल्कि एक-दूसरे के सह-सम्बन्धित प्रत्यय (Co-relative) हैं। बाह्य का विराट रूप कृष्ण के अन्तर् में, एक की कल्पना दूसरे के बिना नहीं की जा सकती। यह एक ऐसा बोध है, जहाँ मनुष्य का अन्त:विवेक, किसी नैतिक मापदंड द्वारा नहीं, बल्कि एक ऐसी कसौटी द्वारा निर्धारित होता है, जो मनुष्य के भीतर होते हुए भी मानवेतर है। इसीलिए उसे किसी नीतिशास्त्र के सूत्र में निरूपित नहीं किया जा सकता। इतिहास की तरह नीतिशास्त्र के अपने रिक्त स्थान होते हैं, जिन्हें सिद्धान्त नहीं, अनुभव पूरा करता है। संत्रास द्वारा सीमित अनुभव नहीं, बल्कि ऐसा अनुभव जो मनुष्य और सृष्टि के बीच के पवित्र सम्बन्ध, धर्म और सन्तुलन की अनिश्चित, अप्रत्याशित, अपरिभाषित मर्यादा को उद्घाटित करता है जिसमें मनुष्य की अन्तश्चेतना वास करती है।

कैसा है यह मनुष्य का मानवेतर अनुभव, जो स्वयं मनुष्य की अन्तश्चेतना, उसकी 'कॉन्शस' उसके विवेक को बिजली की कौंध की तरह जगा जाता है? इसका भी हमें इतिहास और नीतिशास्त्र में नहीं—कलाकृति के अनुभव में ही साक्षात् हो सकता है। चूँकि ऊपर 'युद्ध और शान्ति' की चर्चा हो रही थी, उसी उपन्यास से मैं दो उदाहरण देना चाहूँगा। पहला प्रसंग वह है, जब समूचा मास्को शहर जल रहा है; ढहते हुए मकानों के बीच हज़ारों लोग अपना घर छोड़कर भाग रहे हैं; सैनिक, शरणार्थी, रोती-चीख़ती औरतें, इस हाहाकार के बीच उपन्यास का नायक पियेर बदहवास-सा होकर एक गली से दूसरी गली में भटक रहा है। अचानक नेपोलियन के सैनिक उसे पकड़ लेते हैं और वह बन्दी बना लिया जाता है। जब वे उसे जलते हुए मकानों और मरते हुए लोगों के बीच ले जा रहे होते हैं, तभी उसे ख़याल आया, जैसे वह किसी लम्बी नींद से जागा हो :

> 'उन्होंने मुझे पकड़ लिया है...मैं अब बन्दी हूँ...लेकिन मैं कौन? उन्होंने किसे बन्दी बनाया है, यह जो मेरी अमर आत्मा है?' वह हँसने लगा, फिर अचानक उसने आकाश की ओर देखा, जहाँ मास्को के आकाश में असंख्य तारे चमक रहे थे 'और यह सब मेरा है...और यह सब मैं हूँ।'

और यह विचार आते ही व्यथा का सारा बोझ उसकी आत्मा से उतर गया, मानो सहसा उसने आत्म और सृष्टि के बीच एक गहरा 'एकात्म' पा लिया हो!

भारतीय दर्शन में 'अद्वैत' की चर्चा बहुत होती है, किन्तु किसी कथाकृति में उसका साक्षात् अनुभव बहुत कम देखने में आता है, जब इतिहास की घटनाओं के घटाटोप के नीचे अचानक कोई व्यक्ति अपनी व्यक्तिगत व्यथाओं और इतिहास की विभीषिका के बीच समूची सृष्टि के साथ अपने आत्म को जोड़ लेता है।

ऐसा ही अन्तर्बोध एक दूसरे पात्र को भी होता है, एक दूसरी स्थिति में जब आन्द्रे घायल होकर युद्ध-क्षेत्र में पड़ा है—चारों तरफ़ घमासान मारकाट है, हिनहिनाते घोड़े, सेनापतियों के निरर्थक आदेश और क्षत-विक्षत कराहते सैनिकों की चीख़ों के बीच अचानक आन्द्रे की आँखें आकाश की ओर उठ जाती हैं...। वहाँ सब कुछ निश्चल है। एक नीला, अनन्त विस्तार फैला है जहाँ सिर्फ़ कुछ बादलों की चित्तियाँ हवा में तैर रही हैं। उसे देखते हुए आन्द्रे की समूची भटकन, यातना, अन्तर्द्वंद्व शान्त हो जाते हैं मानो उसे सहसा अपनी नियति का अर्थ मिल गया हो! वह जैसे उस क्षण उस विराट शक्ति से साक्षात् कर लेता है, जो इतिहास के घेरे में है और फिर भी उससे बाहर है। वह आकाश से अपने को देखता है। युद्ध-क्षेत्र में पड़ा, मरणासन्न एक घायल और त्रस्त जीव, किन्तु वह इन्हीं आँखों से आकाश को भी देखता है, जो उसकी व्यथा-पीड़ा के प्रति बिलकुल निरासक्त और निरपेक्ष है।

वह अद्‌भुत और असाधारण अनुभव था जब मनुष्य एक साथ अपने को विभिन्न अवस्थाओं में देख सकता है, जहाँ एक का अर्थ दूसरे में उद्‌घाटित होता है। जिस तरह निर्वासित सोवियत कवि ने साइबेरिया के बर्फ़ीले झंझावात में अपने इतिहास को देखा था, जो अनन्त है, वैसे ही टॉल्स्टॉय के पात्र ने अपने इतिहास की नश्वरता को आकाश के नीले विस्तार में देखा था, जो असीम है।

यह बोध सम्भव है, क्योंकि मनुष्य का अन्त:विवेक जीवित है। अन्त:विवेक की इस सँकरी किन्तु स्वतंत्र और स्वच्छ भूमि पर ही सब कुछ लौटता-सा प्रतीत होता है—वह सब कुछ, जो हमने विस्मृति के अँधेरे में निर्वासित कर दिया था। इतिहास के आख्यान में जो स्थान रिक्त और ख़ाली रह गए थे, जिन्हें मैंने इस व्याख्यान के शुरू में इतिहास के शून्य-स्थल कहा था, अब अपने स्थगित अर्थ दुबारा से प्राप्त कर लेते हैं। मनुष्य अब इतिहास का विषय या ऑब्जेक्ट नहीं रहता, जिसका विश्लेषण बाहर से किया जाता है, अब वह पहली बार इतिहास की घटनाओं के बीच अपने को देखता है और उसे लगता है :

> मैं वह अँधेरी खाई हूँ जिसमें झाँके बिना इतिहास का हर उत्तर अधूरा और भ्रामक रहेगा क्योंकि मैं वह छूटा हुआ शब्द हूँ, जिसे इतिहासकार आज तक अपने आख्यान से स्थगित करता आया था।

किसी कथा या कलाकृति का आख्यान अपने में कुछ नहीं है—वह सिर्फ़ उन 'अर्थों' को दुबारा से स्मृति के आलोक में लाना है, जिन्हें इतिहास ने प्रगति और परिवर्तन के उन्माद में विस्मृति के अँधेरे में फेंक दिया था। कथा या कलाकृति इतिहास के लस्तम-पस्तम टेक्स्ट में उन ख़ाली जगहों को भरती है, जहाँ कभी आकाश के नक्षत्र और घायल मनुष्य की आकांक्षा वास करते थे।

हर कलाकृति की तरह एक कथा भी किसी आकांक्षा की प्रतिध्वनि है...और वह इतिहास की आकांक्षा से बहुत अलग है—यद्यपि दोनों के बीच से गुज़रते हुए मनुष्य को जो अनुभव होता है, उसमें एक गहरी समानता भी दिखाई देती है। दोनों भीतर मनुष्य का अनुभव कहीं मनुष्य के परे होता है। जब वह अपने को इतिहास के प्रति समर्पित कर देता है, तो वह अपने यथार्थ को उसी तरह विस्मृत कर देता है, जैसे एक कलाकृति के संसार में वह अपने विस्मृत यथार्थ से पुनः एकीकृत हो जाता है। दोनों ही अनुभवों में मनुष्य वह नहीं रहता जो वह था। पहले में वह अपने को छोटा कर देता है, ताकि इतिहास के सँकरे दरवाज़े से भीतर जा सके। दूसरे में वह अपने से कुछ बड़ा हो जाता है, ताकि अपनी उस विस्मृति अवस्था में लौट सके जहाँ उसकी आत्मा—हम चाहें तो कह सकते हैं—उसकी आकांक्षा वास करती थी। यदि इतिहास में अपने से, अपने यथार्थ से, अपनी वर्तमान स्थिति से मुक्ति पाने की इच्छा जगती है, तो कथा में अपने प्रति लौटने की, अपने को पुनः पाने की आशा अंकुरित होती है। दोनों ही आख्यानों में हम वर्तमान की असह्य अपूर्णता का अतिक्रमण करके आकांक्षा के क्षेत्र में चले आते हैं—अन्तर सिर्फ़ इतना है कि इतिहास में मनुष्य की यह आकांक्षा अपने को स्थगित करने में प्रकट होती है, जो मृत्यु की आकांक्षा है, कलाकृति में स्वयं अपने को स्मृति में लौटाने में प्रकट होती है, जो पुनर्जन्म की आकांक्षा है। कथा का सत्य और उसकी आकांक्षा, इस पर अपने विचार में अन्तिम व्याख्यान के लिए स्थगित करना चाहूँगा।

तीसरा व्याख्यान

25 जनवरी, 1990

साहित्य अकादेमी सभागार
रवीन्द्र भवन
नई दिल्ली

यदि आपको याद हो, तो पिछला व्याख्यान हमने कथा के सत्य पर छोड़ा था। मुझे लगता है, यदि यहाँ कथा के स्थान पर हम कथ्यात्मक कृति या सिर्फ़ कलाकृति का शब्द इस्तेमाल करें तो ग़लत नहीं होगा। चूँकि हर कला कहीं-न-कहीं मनुष्य की कल्पनाशीलता से जुड़ी है, इसलिए हमने जिसे 'कथा का सत्य' माना है, वह वास्तव में कल्पना का क्षेत्र है, जिसमें हर कलाकृति का सत्य वास करता है...और वहीं हमारे चिन्तन का केन्द्रबिन्दु भी होना चाहिए।

कला का सत्य हमेशा सन्दिग्ध रहा है। शायद ही किसी कला-विवेचक या विचारक ने उसकी कोई सम्पूर्ण अथवा अन्तिम परिभाषा दी हो। इतिहास के सत्यों को कम-से-कम हम उन तथ्यों के आधार पर मूल्यांकित कर सकते हैं, जिनके बारे में वे किसी निष्कर्ष पर पहुँचते हैं—हालाँकि स्वयं तथ्यों की व्याख्या एक-दूसरे से बहुत भिन्न हो सकती है—दर्शन या तत्त्व चिन्तन के सत्यों को हमेशा तर्क,

युक्तियों, पूर्व-अनुमानित और परीक्षित अवधारणाओं द्वारा निरूपित किया जाता रहा है। वाद-विवाद वहाँ भी रहता है किन्तु यह विश्वास भी रहता है कि कोई सत्य अन्तिम या सम्पूर्ण न होकर भी किसी दूसरे या पिछले सत्य की तुलना में अधिक अर्थवान, अधिक संगतिपूर्ण, कम भ्रामक सिद्ध किया जा सकता है। इसके विपरीत विकास के क्रम में विज्ञान का एक सत्य दूसरे सत्य का सम्पूर्ण रूप से निषेध कर सकता है। आइंस्टाइन की खोज न्यूटन की अवधारणाओं का निषेध या विस्तार कर सकती है, जबकि कला में इस तरह का विकास-क्रम देख पाना असम्भव है। पिकासो महत्त्वपूर्ण कलाकार हैं किन्तु उनकी कलाकृतियों का सत्य रेम्ब्राँ से अधिक मूल्यवान है, यह एक सारहीन कथन होगा। कलाकृति का सत्य मनुष्य के जिस ऐन्द्रिक बोध को उद्वेलित करता है, उसमें विकास के नियम-कानून हस्तक्षेप नहीं करते अथवा उस रूप में नहीं करते, जैसा वह विज्ञान के क्षेत्र में करते हैं। मनुष्य के जिस संवेदन तंत्र से ऐन्द्रिक बोध स्फुटित होता है, समय के साथ वह अधिक 'परिष्कृत' और 'संश्लिष्ट' हो सकता है किन्तु इससे यह निष्कर्ष निकालना नितान्त भ्रामक होगा कि इससे उद्भूत 'कलाकृतियों' का सत्य उन समाजों में रचने वाली कलाओं से अधिक मूल्यवान और प्रामाणिक होगा, जिन्हें हर ऐतिहासिक दृष्टि से 'पिछड़ा हुआ 'मानते हैं। यही कारण है कि हज़ारों वर्ष पूर्व पुराने गुहा-चित्र या अफ्रीकी मुखौटे या आदिवासियों की कलाकृतियाँ या पुरातन युग के महाकाव्य जिन सत्यों को उद्भासित करते हैं, उन्हें प्रगति या विकास की ऐतिहासिक कसौटी पर नापना सम्भव नहीं होता। कोई कलाकृति दर्शन या विज्ञान की तरह सत्य निरूपित नहीं करती, उसका सत्य उसके कथ्य में ही निहित है, उसके बाहर नहीं। अन्य विधाओं में सत्य निरूपित किया जाता है जबकि कलाकृति का सत्य स्वयं सत्य की अवधारणा से जुड़ा है। कलाकृति का सत्य जानने से पहले हमें जानना होगा, सत्य अपने में क्या है? इसलिए कलाकृति के सत्य को सत्य के बोध से अलग नहीं किया जा सकता।

हमारे युग में 'सत्य' का अभाव अवश्य रहा हो, सत्यों की कमी कभी नहीं रही। पिछले व्याख्यानों में हमने बीसवीं शती में पनपने वाली विचारधाराओं का उल्लेख किया था। हर विचारधारा किसी-न-किसी रूप में मनुष्य का कोई बिम्ब उद्घाटित करती थी, जिसमें उसका सत्य निहित रहता था। जब कोई नया अनुभव इस बिम्ब को खंडित कर देता है, तभी उस विचारधारा का सत्य भी सन्दिग्ध पड़ जाता है। उन्नीसवीं-बीसवीं शती की विचारधाराओं ने जिन 'मानववादी' सत्यों के नाम पर मनुष्य की छवि उकेरी थी, आज उनके सिर्फ़ खँडहर दिखाई देते हैं, किन्तु उन खँडहरों के बीच कितने स्वप्नों की धूल और मानवीय यातना दबी है, क्या कभी उसका लेखा-जोखा सम्भव हो पाएगा?...सत्य के बारे में सन्देह, यह वही व्यक्ति कर सकता है, जिसने जीवन में उसकी विभीषिका को झेला हो। क्या यही कारण था, जब रोमन पाइलेट ने जीसस से पूछा, 'तुम अपने को सत्य का मसीहा कहते हो, तो बताओ, यह सत्य है क्या?' तो जीसस ने इस प्रश्न का कोई उत्तर नहीं दिया। वह जो अन्तिम क्षण तक सत्य के लिए संघर्ष करते रहे, इस प्रश्न के सामने उनका मौन क्या हमें एक-दूसरे मौन की याद नहीं दिलाता—बुद्ध का मौन, जब किसी ने उनसे ईश्वर के अस्तित्व के बारे में प्रश्न पूछा था?

आज के वैज्ञानिक तर्क-चिन्तकों और समाजशास्त्रियों को, जिन्होंने जीवन के विराट सत्यों को परिभाषाओं में बाँधने का अद्भुत कौशल प्राप्त किया है, जीसस और बुद्ध का मौन अवश्य कुछ रहस्यमय-सा प्रतीत होगा, किन्तु एक कलाकार को उसमें शायद कुछ भी विचित्र नहीं जान पड़ेगा। सच पूछें, तो मौन के इस अनछुए, अनखोजे संसार के बीच ही एक लेखक, एक कवि, एक कलाकार अपना डेरा, अपना बेस कैंप बनाता है, ताकि एक पर्वतारोही की तरह, वह अपनी रचना में उस समूचे 'प्रदेश' को रूपायित कर सके, जो अब तक अभाषित और अपरिभाषित पड़ा था। मौन को भाषित करने नहीं, बल्कि भाषित में मौन

को उजागर करने के लिए। एक कविता और कहानी हमें जिस सत्य से साक्षात् कराती है—वह स्वयं उसकी भाषा के भीतर संचारित होता है, स्वयं उसके होने, उसके अस्तित्व, उसके स्वरूप में स्पन्दित होता है। उसके बाहर हम केवल उस सत्य की व्याख्या करते हैं जो हमने कहानी और कविता में पाया है। साक्षात् हम रचना में करते हैं, आलोचना और विश्लेषण उसके बाहर होता है। निराला की 'सरोज-स्मृति' का सत्य न निराला में है, न उसके पाठक में—कविता की समूची पीड़ा और वियोग-यातना उसके शब्दों-शब्दों के बीच ख़ाली विरामों और उसके बीच उत्पन्न हुई लय में समाहित है। उसके परे और बाहर कवि की अनुभूति है, पाठक की प्रतिक्रिया है, आलोचना की दृष्टि है—कविता का सत्य नहीं।

यह दु:ख और आश्चर्य की बात ही मानी जाएगी कि साहित्यिक कृति के बारे में इतनी सीधी और सर्वविदित-सी बात पिछले कुछ वर्षों में, हिन्दी की अधिकांश आलोचना में झुठलाई जाती रही है। हम कथा के सत्य का साक्षी इतिहास या समाज में ढूँढ़ते हैं, कथा अपने सत्य की स्वयं साक्षी हो सकती है, कल्पना का कोई यथार्थ हो सकता है, इस पर हमारा विश्वास नहीं रह गया है। इसीलिए जब तक कोई कलाकृति अपने प्रमाण-पत्र, अपने पासपोर्ट पर अपने समय के यथार्थ का हस्ताक्षर लेकर नहीं आती, हम उसे अप्रासंगिक मानकर ख़ारिज कर देते हैं। समय की प्रासंगिकता कला में नहीं खोजी जाती, स्वयं कला की प्रासंगिकता को समय में खोजा जाता है—एक ऐसा ऐतिहासिक समय, जो कुछ वर्षों बाद ख़ुद अप्रासंगिक हो जाता है। साहित्य में जो माँग और अपेक्षा की जाती है, उसका कला-कृतित्व से कोई सम्बन्ध नहीं। कलाकृति का जो मूल और विशिष्ट सत्य है, वह जो केवल कला हमें दे सकती है, उसे अव्वल तो उपेक्षित और अनदेखा छोड़ दिया जाता है और जब वह मुँहबाये सामने खड़ा हो जाता है तो उसे केवल विकृत और अवमूल्यित

रूप में ही स्वीकारा जाता है। आज हम एक ऐसी हास्यास्पद स्थिति में पहुँच गए हैं कि जहाँ एक ओर यदि हम अज्ञेय के कृतित्व को इसलिए नकार देते हैं क्योंकि उसकी विचारधारा से हम सहमत नहीं, तो प्रेमचन्द जैसे लेखक जिनकी विचारधारा को हम प्रगतिशील मानकर स्वीकार करते हैं, उसी लेखक की अद्वितीय रचना 'कफ़न' के सत्य को इसलिए अस्वीकार कर देते हैं, क्योंकि कहीं वह हमारी तथाकथित नैतिक मान्यताओं और मध्यवर्गीय संस्कारों को ठेस पहुँचाता है। आश्चर्य तो इस बात पर होता है कि कुछ अरसा पहले जब दिल्ली की प्रगतिशील गोष्ठी में प्रेमचन्द की कहानी 'कफ़न' पर इस तरह का विवाद खड़ा हुआ, तो समूची बहस का सरोकार बहस करने वालों की मान्यताओं पर केन्द्रित था, कहानी के सत्य पर नहीं। बहस के घटाटोप में कहानी का सत्य तो बहुत पहले कफ़न के नीचे दम तोड़ चुका था।

आख़िर क्या होता है किसी कलाकृति का सत्य? क्या वह किसी एक भावना, एक अनुभूति, एक सूक्ति में समेटा जा सकता है? ज्यों हम एक सत्य तक पहुँचते हैं, दूसरा सत्य हमें पीछे धकेलने लगता है। क्या 'कफ़न' के सत्य को सिर्फ़ इसलिए नकारा जा सकता है कि घर में शव को नंगा छोड़कर बाप-बेटे कफ़न के पैसों को शराब में लुटा देते हैं? या कहानी का सत्य उस व्यंग्य में निहित है जो घीसू और माधव उस समाज पर करते हैं, जो जीते-जी किसी की मदद नहीं करता, किन्तु मुरदे के दाह-संस्कार के लिए पैसे जुटाना अपना धर्म समझता है? किन्तु इस धर्म का सत्य भी नगण्य नहीं, क्योंकि इसके बिना न ज़मींदार उन्हें कफ़न के पैसे देता, न उन्हें यह विश्वास होता कि एक बार पैसे उड़ा देने के बाद वही समाज दुबारा उनकी मदद करने में नहीं कतराएगा। यह विश्वास भी उतना ही सत्य है जितना उनका अपनी जर्जरित अवस्था पर विषाद। और तब इन सारे अन्तर्विरोधी सत्यों के घटाटोप तले जज की कुर्सी पर बैठकर कोई अन्तिम फ़ैसला देना कितना कठिन हो जाता है कि उनकी

इस हालत के लिए कौन उत्तरदायी है—समाज, ज़मींदारी प्रथा, धर्म की मर्यादाएँ और कर्मकांड अथवा बाप-बेटे की अपनी अकर्मण्यता? यदि छह-सात पन्ने की एक कहानी में बीसियों सत्य एक साथ मौजूद रहते हैं, कभी एक-दूसरे को पुष्ट करते हुए, कभी एक-दूसरे को काटते हुए, तो किसी एक ऐसे सत्य की अँगुली पकड़कर, जो हमारे नैतिक पूर्वग्रहों को पुष्ट करता है, कहानी के अन्य अप्रिय सत्यों से पल्ला झाड़ देना क्या यह यथार्थवादी चौखटे के भीतर स्वयं कहानी के संश्लिष्ट और बहुमुखी यथार्थ को ही नष्ट कर देना नहीं है? प्रेमचन्द के पात्र भले ही घर में पड़े शव को ढकने की मर्यादा पूरी न कर पाए हों किन्तु हम अपने पूर्वग्रहों के चलते अवश्य ही अपनी मुर्दा मर्यादाओं को ढकने में सफल हो जाते हैं।

ईश्वर से साक्षात् शायद आस्था से हो सकता हो, किन्तु कलाकृति के सत्य से साक्षात् गहरी शंकाओं में लिथड़ा हुआ ही हो सकता है, और जब होता है तो भी हमें विश्वास नहीं होता कि क्या यह वही सत्य है, जो एक कलाकृति हमें देती है या कलाकार हमें देने का दावा करता है या जो अन्ततः हम उसके टेक्स्ट में पाते हैं? क्या है 'हैमलेट' का सत्य? शेक्सपियर के शब्दों द्वारा निर्मित शब्दों का एक पुतला, जो स्वयं शब्दों की मर्यादा पर पागलों-सा प्रलाप करता है? शब्द जो स्वयं अपने खोखलेपन को नंगा करते हैं किन्तु वे इतने शक्तिशाली भी हैं कि विश्व साहित्य में एक अद्‌भुत असाधारण चरित्र के डाँवाँडोल सत्यों को उद्‌घाटित करते हैं। ऐसे अन्तर्विरोधी सत्य, जिसके झंझावात में फ़लसफ़े के सब सिद्धान्त और नैतिकता की सारी मान्यताएँ बार-बार टूट जाती हैं।

यह नहीं कि किसी कहानी या कलाकृति का 'सत्य' नैतिकता के परे होता है अथवा उसके प्रति निरपेक्ष या उदासीन होता है। कठिनाई तब उत्पन्न होती है, जब हम अपना 'नैतिक-बोध' उस पर आरोपित करते हैं, उसके सत्य को अपनी आस्थाओं और आदर्शों में ढालने लगते हैं।

हम भूल जाते हैं कि जिस भाषा में कविता या कथाकृति अपना संसार रचती है, जिन स्रोतों से वह अपना रूप-गठन, मर्यादा तंत्र, अपनी प्राणवत्ता हासिल करती है, जिसके कारण मिट्टी एक मूर्ति में, सुर किसी संगीत-रचना में, भाषा किसी कहानी या महाकाव्य में अपना कायाकल्प कर लेते हैं, यह समूची सृजन-प्रक्रिया जिस प्रयोगशाला, जिस लेबोरेटरी में सम्पन्न होती है, उसका हमारे आदर्शों और मान्यताओं, हमारे अच्छे और बुरे ज्ञान, हमारी इच्छाओं और आकांक्षाओं से कोई लेना-देना नहीं। जब हम अपनी आकांक्षाओं की पूर्ति किसी कलाकृति में ढूँढ़ने लगते हैं, तो उस सत्य को खो देते हैं जिसमें भाषा की अपनी अँधेरी और गोपनीय वासना स्फुटित होती है—अपने को एक कृति में रूपान्तरित करने की वासना—जो 'एक अरूप' की उस वासना से भिन्न नहीं है, जब उसने पहली बार अपने को अनेक रूपों की सृष्टि में रूपान्तरित करने की आकांक्षा की थी।

रूपान्तरण—कैसे एक वस्तु अपने भीतर की सन्निहित प्रेरणा शक्ति द्वारा नितान्त दूसरा रूप और आकार ग्रहण करती है, यह प्रकृति का चमत्कार है। यह दूसरा रूप कोई विकास का नया चरण नहीं है, बल्कि अपनी प्रकृति में लौटने का ही उपक्रम है। जिस तरह बीज का 'कर्म' वृक्ष में रूपान्तरित होकर ही स्वयं अपने बीजत्व के धर्म को प्राप्त करता है, उसी तरह कलाकृति की नैतिकता, उसका 'धर्म' बार-बार हमें भाषा की उन अँधेरी जड़ों की याद दिलाता है, जिसके रूपान्तरण में ही कलाकृति की मूल प्रकृति प्रकाश में आती है। इस अर्थ में एक कलाकृति न जड़ है, न वृक्ष—वह भाषा में प्रकृति की लीला है। वृक्ष की ओर बढ़ती हुई, जड़ की ओर लौटती हुई, जिसमें मनुष्य अपनी प्रकृति और जीवन की इतिहास-गाथा, दोनों से एक साथ साक्षात् करता है। जब मनुष्य अपने 'मनुष्यत्व' को भूल जाता है, अपने आत्म से विगलित हो जाता है, आज के मुहावरे में कहें—जहाँ वह स्वयं अपने को अपने से निर्वासित

पाने लगता है—ठीक वहाँ कला उसे अपने जीवन में उसी सत्य का अनुभव कराती है, जिसे वह भूल गया था, जिसके रहते ही वह समय और इतिहास के कुहासे को भेदकर दुबारा अपनी प्रकृति, अपने स्वधर्म, अपने स्वभाव से एकात्म हो सकता है। किसी भी महान कलाकृति का अनुभव—वह चाहे कहानी में हो या महाकाव्य में—अपने पाठक को विस्मृति के अँधेरे से स्मृति के आलोक में लौटाने का क्षण है।

यह 'लौटना' दो तरफ़ होता है—एक अपनी तरफ़, जहाँ हमारा आत्म है, खोई हुई मर्यादाओं का सहज विवेक। दूसरा अपने से बाहर—मनुष्येतर, जहाँ प्रकृति का विराट परिवेश फैला है। ऊपरी दृष्टि से देखें, तो दोनों एक-दूसरे के विपरीत और विरोधी जान पड़ते हैं। आत्मा और प्रकृति—दोनों के बीच एक फाँक खिंची दिखाई देती है। क्या यह विभाजन स्वाभाविक है—या मनुष्य की समाज-व्यवस्था ने यह फाँक, यह विभाजन-रेखा उसके भीतर अंकित की है? हर महान कलाकृति में हमारी मुठभेड़ इस त्रासद प्रश्न से होती है। क्या मनुष्य की प्रकृति को बाहर की प्रकृति से अलग किया जा सकता है? यह प्रश्न केवल कलाकृति की भाषा में रूपायित हो सकता है, क्योंकि कलाकृति का अपना सत्य मानव केन्द्रित नहीं है, बल्कि यूँ कहें, वह मानवीय तभी हो पाता है, जब वह मनुष्य केन्द्रित नहीं होता। वह हमें बार-बार उस खोए हुए सम्बन्ध की याद दिलाता है, जब मनुष्य और मनुष्येतर के बीच वह खाई नहीं खुली थी, जिसके अँधेरे में मनुष्य की आत्मा अपने को इतना अनाथ पाती है और प्रकृति अपने को इतना आत्मशून्य।

प्रकृति का यह मौन और भाषा की वासना, जो इस मौन को शब्द देती हुई उसकी प्रकृति को अक्षुण्ण रखती है, यह एक अतिमानवीय सत्य है, जो कलाकृति के भीतर एक लौ की तरह जलता रहता है। कला का यह अतिमानवीय सत्य ही उसे एक ऐसे समाज में—विशेष कर एक सर्वसत्तावादी समाज में—इतना सन्दिग्ध और ख़तरनाक बना देता है।

यह अकारण नहीं कि प्लेटो जैसे मनीषी उसे अपनी आदर्श राज्य-व्यवस्था से बहिष्कृत करना चाहते थे। कला के प्रति यह डर और सन्देह अस्वाभाविक नहीं है—उसके पीछे कहीं यह त्रास छिपा रहता है कि कला मनुष्य द्वारा सृजित होने के बावजूद किसी गहरे अर्थ में 'मानवीय' नहीं है। वह अपने सत्य में उन अवधारणाओं का निषेध करती है जो मनुष्य की प्रकृति को केवल मानवीय सन्दर्भ में परिभाषित करती हैं। उन सब मूल्यों और सिद्धान्तों का विरोध करती है, जिन्हें हर समाज अपने लिए निर्धारित करता है। हर ऐतिहासिक विचारधारा का अभीष्ट मनुष्य को एक सामाजिक, आर्थिक, सांस्कृतिक प्राणी में परिशोधित करना होता है, जहाँ वह अपनी मूल जैविक और नैसर्गिक प्रकृति की मर्यादाओं को भूलकर ऐतिहासिक चौखटे में फ़िट हो सके। दूसरे शब्दों में मानव-जीवन की आत्म-विस्मृति में ही ऐतिहासिक मनुष्य का आविर्भाव सम्भव हो सकता है। हम जिसे मनुष्य का विकास मानते हैं, वह एक तरह से आत्म-निर्वासन का इतिहास है। कितनी बड़ी विडम्बना है कि जिसे हम मनुष्य की चेतना का विकास मानते हैं, वहीं से मनुष्य की आत्मविस्मृति का अन्धकार भी शुरू होता है।

कलाकृति का सत्य—यदि उसका कोई सत्य हो सकता है—तो वह मनुष्य को उसकी स्मृति में लौटाना है। स्मृति का यह लोक कोई स्वप्नलोक नहीं है, जहाँ पहुँचकर मनुष्य अपनी स्थिति को भूल जाता है। उलटे यह उस खोई हुई चेतना को प्राप्त करना है, जिसे इतिहास ने धूमिल कर दिया था, जहाँ पहुँचकर वह अपनी वर्तमान मानवीय अवस्था की घोर दीन-दरिद्रता, उसके झूठ-प्रपंच, उसकी छलनाओं को देख सकता है। हर महान साहित्यिक कृति मनुष्य को आत्मविस्मृति से उबारती है, ताकि वह अपने से साक्षात् करने का साहस बटोर सके। चैक लेखक मिलान कुंदेरा ने अपने दुखद अनुभवों के आधार पर ही कहा था कि एक तानाशाही व्यवस्था की सबसे बड़ी आकांक्षा यह होती है कि वह

किसी तरह मनुष्य की स्मृति को मिटा सके। उसे मिटाकर ही वर्तमान के आततायी अंकुश को स्वीकारा जा सकता है। स्मृति इतिहास की कसौटी है। एक कलाकृति में हम जहाँ स्मृति में लौटते हैं, ठीक उसी बिन्दु पर हम वर्तमान की आलोचना भी करते हैं। उन सब विचारधाराओं पर प्रश्न लगाते हैं, जो इतिहास या नीतिशास्त्र की आड़ में मनुष्य की प्रकृति को ठेस पहुँचाती हैं। विश्व-साहित्य के सबसे मार्मिक और सम्भवत: सबसे मूल्यवान स्थल वे हैं, जब कथा का कोई पात्र घोर संकट और यातना के क्षणों में सहसा अपनी विस्मृत मर्यादाओं और संस्कारों को याद करता है, जिसे राज्य, धर्म और सत्ता ने अपने स्वार्थों के कारण भुला दिया था। यह वही मर्यादा है, जिसकी शरण में जाकर सीता अपने पति की परम्परागत नैतिकता को चुनौती देती हुई अपने मूल अस्तित्व की गरिमा उजागर करती है, और जिसके बल पर सोफ़ोक्लीस की नायिका एंटीगनि राज्य-आदेश का उल्लंघन कर अपने भाई के दाह-संस्कार करने का जोखिम उठाती है। ऐसे ही क्षणों में कोई कलाकृति अपने भीतर उन आदि मिथकों की ऊर्जा जागृत करती है, जहाँ मनुष्य को अपना दायित्व-बोध—इतिहास और नीतिशास्त्र के सूत्रों से नहीं बल्कि स्वयं अपनी प्रकृति की चेतना से प्राप्त होता है। इतिहास के टेक्स्ट में जिन रिक्त स्थानों की चर्चा हमने की थी, वे विस्मृति के स्थल हैं, जिन्हें हर कथा अपनी मिथकीय स्मृति की भाषा में पूरा करती है।

यदि हम चाहें तो इसे कला का 'नैतिक-कर्म' भी मान सकते हैं। किन्तु वह यह कर्म किसी सूक्ति, किसी सन्देश, किसी नीति-सिद्धान्त द्वारा सम्पन्न नहीं करती। कलाकृति की 'नैतिकता' उसके होने में है, हमें कुछ देने में नहीं। वृक्ष पर उगते हुए फल की तरह, हम चाहें तो उससे अपनी भूख मिटा सकते हैं किन्तु वृक्ष का धर्म फल उगाना है, हमारी क्षुधा मिटाना नहीं। इस सम्बन्ध में गोएटे का कथन आज भी उतना प्रासंगिक है, जितना दो सौ वर्ष पहले था। वह एक जगह कहते हैं :

> कलाकार का धर्म अपनी कला में सम्पूर्णत्व प्राप्त करना है, यही एक कलाकृति का लक्ष्य है। नीतिशास्त्र के प्रवक्ता इस बात से चिन्तित रहते हैं कि कला दूसरों पर क्या प्रभाव छोड़ती है, जिसके बारे में कलाकार उतना ही उदासीन रहता है, जैसे प्रकृति इस बारे में कि वह शेर की रचना करती है या किसी गाने वाले पक्षी की।

यहाँ प्रकृति और प्रकृति की लीला में कितना कम अन्तर रह जाता है! बाइबल की कथा में यदि ज्ञान का फल चखकर मनुष्य अपनी स्वर्ग-वाटिका से निष्कासित हुआ था तो वही मनुष्य कला का फल चखकर उसमें दुबारा लौटता है। प्रकृति की उस आदिम और निष्पाप अवस्था में, जहाँ वह अपने से निर्वासित नहीं हुआ था।

किन्तु यह 'लौटना' कलाकृति में होता है—जब कि मनुष्य जीता है, उस पाप की दुनिया में, जहाँ उसका पतन हुआ था। यह दुनिया का यथार्थ है। जीवन का अनुभव बार-बार इस यथार्थ से टकराता है—मनुष्य को क्षत-विक्षत करता हुआ, बार-बार उसे खंडित करता हुआ। कीट्स ने कहा था : 'जो सुन्दर है, वही सत्य है; जो सत्य है, वही सुन्दर हो सकता है।' क्या बीसवीं शती का मनुष्य यह कह सकता है? दो महायुद्धों के नरसंहार, यातना-शिविरों, लेबर-कैम्पों, विचारधाराओं के नाम पर अमानुषिक बर्बरता का भीषण अनुभव क्या हमें नहीं बताता कि जो सत्य है, वह कितना भयानक, कितना बीभत्स, क्रूर हो सकता है? क्या इसी असहनीय, दारुण सत्य से बचने के लिए मनुष्य कला में नहीं जाता? Man possesses art lest he should perish by truth. यह नीत्शे का वाक्य है : 'हम कला में इसलिए जाते हैं कि कहीं सत्य हमें तबाह न कर डाले।'

मुझे अपने एक जापानी लेखक मित्र की बात याद आती है, जिन्होंने मुझसे कहा था कि हिरोशिमा का सत्य किसी भी कविता या उपन्यास में व्यक्त नहीं किया जा सकता। क्या यह वही बात नहीं है,

जिसे जर्मन चिन्तक एडोनो ने कहा था कि ऑशवित्स यातना-शिविर के बाद जर्मन भाषा में कविता लिखना असम्भव है। शायद कला के सम्बन्ध में यह शंका कभी पहले नहीं उठी कि कुछ ऐसे अँधेरे, अतिमानवीय, असाधारण सत्य हैं, जो मनुष्य के जीवन में घटित हो सकते हैं, कला में अभिव्यक्त नहीं हो सकते। आज जिसे हम 'कला का संकट' कहते हैं, क्या यह वही अँधेरी खाई है, जो कला की सामर्थ्य और जीवन के सत्य के बीच खुल गई है, जिसे पाटना असम्भव है? सत्य से मुँह मोड़कर ही क्या अपने को कला में सुरक्षित रखा जा सकता है?

किन्तु क्या इस तरह की कोई भी 'सुरक्षा' कलाकृति हमें दे सकती है और यदि उसे पाकर हम जीवन के सत्य से छुटकारा पा लेते हैं, तो क्या सुरक्षा का यह भाव स्वयं में एक मोहग्रस्त आत्म-छलना नहीं होगी? कोई भी अनुभव, वह चाहे कितना ही बीहड़ और भयानक क्यों न हो, भाषाहीन नहीं होता। एक भाषाहीन अनुभव अपने में अन्तर्विरोध है—वह अभाषित भले ही हो, भाषातीत नहीं होता। जब हम कहते हैं—यह मैं महसूस तो करता हूँ किन्तु व्यक्त नहीं कर सकता, तो इसमें केवल हम अपनी असमर्थता जताते हैं, भाषा की सीमा नहीं। किसी अनुभव का महसूस होना ही इस बात को साबित करता है कि वह भाषा के घेरे में आ गया है, जिसमें मनुष्य की असमर्थ और असहाय चुप्पी भी शामिल है। शायद हर युग में आदमी ने यह महसूस किया हो कि उसके जीवन के अनुभव इतने असाधारण, इतने विशिष्ट, इतने अतिमानवीय हैं कि वे भाषा में व्यक्त नहीं हो सकते। विडम्बना यह है कि अनुभवों की यह अभाषित यातना ही जितनी शक्ति और सच्चाई से एक कलाकृति में अभिव्यक्त होती है, इतनी अन्यत्र कहीं नहीं। धृतराष्ट्र के दरबार में द्रौपदी की मर्मांतक यातना, आत्म-लांछना की यह चरम स्थिति, जहाँ वह अपने को इतना निस्सहाय पाती है कि मर्यादावान पतियों और पिता-पितामहों के बीच स्वयं अपनी मर्यादा नहीं बचा पाती। द्रौपदी का यह दारुण अनुभव

शब्दातीत जान पड़ता है किन्तु क्या यही अनुभव 'महाभारत' के शब्दों द्वारा हम तक सम्प्रेषित नहीं हो जाता? सिर्फ़ सम्प्रेषित होकर चुक नहीं जाता बल्कि उस अनुभव द्वारा, 'महाभारत' का कवि हमें उस आदि-सत्य का स्मरण भी करवाता है, जिसे द्रौपदी उन प्रश्नों द्वारा उजागर करती है। धर्म क्या है और मर्यादा कहाँ है? प्रश्न, जिनके सामने सिर्फ़ द्रोण और भीष्म जैसे अनुभव सम्पन्न आचार्य ही नहीं, स्वयं धर्मराज अपने को निरुत्तर पाते हैं। क्या उनके मौन, उनकी असहाय चुप्पी द्वारा ही महाकाव्य का केन्द्रीय सत्य हमारे सामने प्रकट नहीं होता कि हर मानवीय अनुभव इतना विशिष्ट और वैयक्तिक होता है कि धर्म और नैतिकता की किसी बनी-बनाई कसौटी पर उसे परिभाषित नहीं किया जा सकता? क्या यही वे विस्मृत सत्य नहीं हैं जिसे एक कलाकृति हर युग में बार-बार स्मृति की भाषा में जागृत करती है?

इसी अर्थ में एक कलाकृति का सत्य हर युग के लिए प्रासंगिक हो जाता है। यदि ऐसा न होता तो दो हज़ार पूर्व रचे महाकाव्य—'महाभारत' हो या 'इलियड'—हमें आज इतने समकालीन नहीं जान पड़ते। यही नहीं, एक संस्कृति में रचा महाकाव्य, अपना सत्य, अपनी देशीय और जातीय सीमाओं को लाँघकर, किस तरह दूसरी संस्कृति में ध्वनित होता है, यह स्वयं उसकी सार्वभौमिक प्रासंगिकता का द्योतक है। यह सही है कि हमारे संस्कार हमारी संस्कृति के बिम्बों और काव्य-रूपकों में ही उजागर होते हैं, किन्तु इसके साथ यह भी एक सच्चाई है कि कहीं हमारे अनुभव क्षेत्र का एक हिस्सा सत्य होता हुआ भी इन सांस्कारिक बिम्बों द्वारा अनावृत नहीं हो पाता, वह सूखा अतृप्त और अछूता पड़ा रहता है। किन्तु चमत्कार तब होता है, जब अचानक किसी दूसरी संस्कृति की काव्य रचना, कलाकृति के सम्पर्क में आते ही अनुभव के ये अँधेरे कोने आलोकित हो जाते हैं। यह नहीं कि वह काव्य-कृति कहीं हमारी अपूर्णता में अपना सत्य जोड़कर उसे सम्पूर्ण करती है बल्कि वह सम्पूर्णता-बोध,

जो हमारे भीतर पहले से ही मौजूद था, अब एक नई ऐन्द्रिक मांसलता ग्रहण कर लेता है। सम्पूर्ण का वह हिस्सा जिसे मैं अपनी संस्कृति के भीतर सिर्फ़ एक अस्पष्ट सिग्नल और प्रच्छन्न संकेत के रूप में ही अनुमानित करता था, अब एक फड़फड़ाते, स्पन्दनशील, तात्कालिक अनुभव का ही जीवन्त अंग जान पड़ने लगता है। सम्पूर्ण का बोध अब सम्पूर्ण होने के अनुभव में बदल जाता है।

हमने ऊपर 'महाभारत' का उल्लेख किया था—उसमें भारतीय संस्कृति का रूपक 'धर्म' एक केन्द्रीय सत्य के रूप में विद्यमान है किन्तु यह भी सच है, जैसा कि मैंने द्रौपदी के प्रसंग में संकेत किया था कि अनुभव के उन क्षणों में जब व्यक्ति अपने को 'धर्मसंकट' में पाता है, यह भी पता चलता है कि यह व्यक्ति का ही नहीं; स्वयं धर्म का संकट भी है। ठीक इस बिन्दु पर जब हम ग्रीक-महाकाव्य के सम्पर्क में आते हैं, तो हम एक नितान्त नये सत्य से साक्षात् करते हैं, या यूँ कहें, सत्य के नये आयाम से अवगत होते हैं और वह है मनुष्य की नियति, जिसके सामने उसके सारे मनोरथ और महत्त्वाकांक्षाएँ अकारथ हो जाते हैं। मनुष्य का धर्म उसे अपनी प्रकृति का अतिक्रमण करने के लिए उत्प्रेरित करता है ताकि वह अपने कर्तव्य को पूरा कर सके, जिसका उपदेश श्रीकृष्ण अर्जुन को कुरुक्षेत्र में देते हैं। इसके विपरीत नियति मनुष्य को धर्म-मर्यादा का उल्लंघन करने के लिए विवश करती है जहाँ प्रकृति की लौहवत् शक्ति के सामने वह अपने को बिलकुल निरीह, नपुंसक पाता है। ग्रीक महाकाव्य 'इलियड' में शक्ति—अंग्रेज़ी शब्द इस्तेमाल करूँ, तो 'फ़ोर्स' की उतनी ही केन्द्रीय भूमिका है, जितनी धर्म की 'महाभारत' में। ये दोनों एक-दूसरे के पूरक नहीं बल्कि एक-दूसरे में अन्तर्निहित हैं। दो अलग-अलग सत्य नहीं, बल्कि मानव जीवन का एक सार्वभौमिक सत्य, जिसका एक पक्ष भारतीय संस्कृति के महाकाव्य में प्रकट होता है, दूसरा पक्ष ग्रीक एपिक गाथा में उजागर होता है।

यहाँ आप देखेंगे कि किसी महान कलाकृति का सत्य केवल विभिन्न संस्कृतियों की सीमाओं का ही अतिक्रमण नहीं करता, वह हमारे काल-बोध के ऐतिहासिक कठघरों को भी भंग कर देता है। अतीत और भविष्य का कृत्रिम वर्गीकरण इतिहास करता है। एक कलाकृति में काल को विभाजित करना उतना ही असम्भव है, जितना समुद्र के अथाह जल को छड़ी से बाँटकर अलग करना। जिस तरह एक व्यक्ति का अतीत उसके वर्तमान में बसा होता है और वर्तमान में उन समस्त सम्भावनाओं के संकेत मिलते हैं, जो उसके भविष्य में होने वाला है—ठीक उसी तरह से एक साहित्यिक कृति में काल का सम्पूर्ण बोध सिनेमा के स्क्रीन की तरह लगा रहता है, जिसके रहते ही मनुष्य का हर बीता अनुभव और आने वाली हर सम्भाव्य घटना एक सुसंगत और व्यवस्थित पैटर्न उद्घाटित करती है। अन्तर केवल इतना है कि सिनेमा-स्क्रीन पर एक छवि हटते ही दूसरी छवि आती है, फिर तीसरी...जबकि कलाकृति में ये समस्त फिसलती हुई क्षणभंगुर तसवीरें एक साथ अपने स्थायित्व में कायम रहती हैं—रेत पर स्मृति-संकेतों की छाप की तरह, जिसे न अतीत अपने में तिरोहित कर सकता है, न भविष्य अपने थपेड़ों से मिटा सकता है। फ़ॉकनर ने एक बार अपने इंटरव्यू में कहा था :

> उपन्यास में समय बर्फ़ की तरह जमा रहता है किन्तु ज्योंही हम उसे बुक-शेल्फ़ से निकालकर पढ़ना शुरू करते हैं, वह दुबारा से पाठक के जीवन में बहना शुरू कर देता है।

यदि यह सच है कि मनुष्य का कोई अनुभव भाषातीत नहीं होता, तो यह भी उतना ही सच है कि समय में भोगा हुआ कोई अनुभव अतीताश्रित नहीं होता, वह कभी नहीं मरता और बार-बार अपने को दुहराता है।

इसीलिए एडोर्नो का यह कथन कि 'ऑशवित्स के बाद कोई कविता नहीं लिखी जा सकती,' मार्मिक होता हुआ भी न मनुष्य की

यातना के बारे में सत्य बताता है, न कला के सत्य के बारे में सही जान पड़ता है। जर्मन फ़ासिज़्म का उदय भी नहीं हुआ था, जब उससे वर्षों पहले प्राग के एक अज्ञात यहूदी लेखक ने अपने उपन्यासों में उस यातना को पूरी विभीषिका के साथ व्यक्त किया था, जिसे यूरोपीय मनुष्य ने वर्षों बाद हिटलर के यातना-गृहों में भोगा था। काफ़्का ने अपने उपन्यास 'ऑशवित्स' की घटना से बहुत पहले लिखे थे—किन्तु वहाँ वही घटना, जिसे हमारे युग के मानववादी, मार्क्सवादी चिन्तक असम्भव और अकल्पनीय मानते आए थे—काफ़्का के साहित्य में भविष्यवाणी-सी करती जान पड़ती है—एक फ़ैंटेसी के रूप में नहीं—बल्कि एक स्वाभाविक यथार्थ के रूप में, जिसे हर व्यक्ति अपने भीतर के यातना-गृह में भोगता है। उन्नीसवीं शती में जब दोस्तोएव्स्की ने अपना उपन्यास 'डेविल्स' लिखा था, तो क्या कोई कल्पना भी कर सकता था कि सौ साल बाद ये डेविल्स, ये शैतानात्माएँ—उपन्यास के पन्नों से निकलकर उन्हीं के देश में पुनः प्रकट होंगे—जीते-जागते, हाड़-मांस के बने कौमीसारों के रूप में? कला का यह कैसा अद्‌भुत सत्य है, जो हमें भविष्य की उस अज्ञात नियति का भी साक्षी बनाता है, जो अभी मनुष्य के अनुभव का सत्य नहीं बनी, किन्तु जो उसके भविष्य में पहले ही घट चुकी है? यह वही बिन्दु है, जहाँ मनुष्य का समूचा अतीत-काल और भविष्य का असीम, दोनों ही कलाकृति के सत्य में हमारे समकालीन हो जाते हैं।

इसके बाद यदि हम पुनः नीत्शे के कथन को याद करें—'हम कला के पास इसलिए जाते हैं, ताकि सत्य हमें नष्ट न कर डाले,' तो अजीब क़िस्म का आश्चर्य होता है। क्या यह वह व्यक्ति कह सकता है, जो अपने को दोस्तोएव्स्की का शिष्य मानता था? व्यास के महाकाव्य में फैला मानव-विषाद और सोफ़ोक्लीस के पात्रों को आच्छादित करती नियति की अभिशप्त छायाओं से गुज़रकर क्या हम अपने को 'सत्य' से बचा सकते हैं? क्या सच्चाई इसके विपरीत तो नहीं है कि हम कला के

सत्य से आतंकित होकर उन 'सत्यों' में शरण लेते हैं, जो फ़िलॉसफ़ी, इतिहास की मरीचिकाएँ और समाजशास्त्रों की मानवीय विचारधाराएँ हमें देती हैं। हम उनमें अपने लिए जो छद्म सुरक्षा पाते हैं, उतना कला के सत्य में कभी नहीं। कला का सत्य सिर्फ़ एक सम्भावना है, मनुष्य के पशुवत् अस्तित्व और उसकी अपरिभाषित मानवीयता के बीच एक शाश्वत प्रश्न, जबकि बाक़ी सब धर्म, संस्कृतियाँ और विचारधाराएँ उसके 'मनुष्यत्व' को स्वीकार करके चलती हैं, जिनमें सन्देह और शंका की कोई गुंजाइश नहीं। इसीलिए जब कला को संस्कृति का अंग माना जाता है—तो सिर्फ़ इस अर्थ में कि संस्कृति ने अपने बने-बनाए 'उत्तरों' की व्यवस्था के बीच इतनी ख़ाली जगह छोड़ दी है, जहाँ उन प्रश्नों और शंकाओं को भी समाया जा सके, जो हर महत्त्वपूर्ण कलाकृति अपने समय में जीवन की अर्थवत्ता के बारे में उठाती है। कला के सत्य इसी अर्थ में सार्वभौम और शाश्वत होते हैं, क्योंकि वे 'मनुष्य' के बारे में किसी अन्तिम और अखंडनीय अवधारणा पर आधारित नहीं होते। हर संस्कृति के आत्म-बिम्ब इन्हीं अवधारणाओं को लेकर बनते हैं—जबकि कलाकृति का सत्य बार-बार इन आत्मबिम्बों की माया और छलना को भेदता है। कोई अनुभव ऐसा नहीं, जो किसी पुराने बिम्ब को खंडित न कर देता हो, कोई आईना ऐसा नहीं, जिसमें अपनी छाया देखकर किसी दूसरे चेहरे की स्मृति न याद आती हो।

मनुष्य की ज़िन्दगी में न जाने कितनी अन्य ज़िन्दगियाँ दबी रहती हैं—पानी के नीचे तैरती उन मछलियों की तरह—जो कुछ देर के लिए साँस लेने ऊपर आती हैं, फिर हमेशा के लिए विस्मृति के अँधेरे में लोप हो जाती हैं। कौन-सा जीवन सत्य है—वह, जो पानी के ऊपर जी रहा है, अथवा वह, जो हमेशा के लिए नीचे डूब गया है? पिछले व्याख्यान में हमने कला की आकांक्षा के सन्दर्भ में 'पुनर्जन्म' का उल्लेख किया था जहाँ मनुष्य एक ही जीवन में अनेक अनुभव-सत्यों से साक्षात् करता है।

कोई ऐसा अनुभव सत्य नहीं, जिसमें मनुष्य अपना पूरा चेहरा देख सके। कोई ऐसा मास्टर प्रिंट नहीं, जो स्वयं किसी पूर्व अनुभव की अनुकृति न हो। बोर्ख़ेस अपनी कहानियों में आईनों की जिस भूल-भुलैया का ज़िक्र बार-बार करते हैं, जहाँ माया और यथार्थ के बीच भेद करने में सत्य नहीं मिलता, बल्कि दोनों के अन्तर्गुम्फित सम्बन्ध में ही मनुष्य अपने जीवन की सच्चाई पकड़ पाता है।

मत्स्य पुराण की एक कथा में इस सत्य की एक अपूर्व झलक दिखाई देती है। प्रलय के बाद का दृश्य है। बाहर अनन्त सागर और अन्धकार फैला है। विष्णु भगवान सो रहे हैं। महर्षि मार्कंडेय उनकी देह के भीतर आनन्द से विचर रहे हैं, जहाँ सब कुछ सम्पूर्ण पवित्र और आलोकमय है। देह के भीतर एक सिरे से दूसरे सिरे तक घूमते हुए वह अचानक विष्णु के मुँह के पास चले जाते हैं, जो निद्रा में थोड़ा-सा खुल गया है। तभी एक दुर्घटना होती है। मार्कंडेय का पाँव फिसल जाता है और वह सहसा विष्णु के मुँह से बाहर निकल आते हैं, जहाँ समुद्र का अनन्त विस्तार फैला है। रात, अँधेरा और जल का अनन्त विस्तार—इनके अलावा कुछ और दिखाई नहीं देता। मार्कंडेय इसके लिए तैयार नहीं थे। एक गहरा आतंक उन्हें जकड़ लेता है। वह सोचने लगते हैं, क्या यह स्वप्न है या मैं ही किसी छलना में फँस गया हूँ? अभी कुछ देर पहले समूची सृष्टि आनन्द के आलोक में लिपटी दिखाई देती थी और अब कुछ भी दिखाई नहीं देता—न सूर्य, न चन्द्रमा, न नक्षत्र-मंडल का आलोक। चारों तरफ़ अँधेरा और समुद्र का अनन्त विस्तार। यह कैसी दुनिया में मैं आ फँसा हूँ? तभी उन्हें विष्णु की देह दिखाई देती है—सुन्दर, उज्ज्वल, प्रकाशमान। वह समुद्र में तैरते हुए उनके पास आते हैं, ताकि उसे ठीक से देख सकें। ज्योंही कुछ पूछने के लिए मार्कंडेय अपना मुँह खोलते हैं, तभी विष्णु हाथ बढ़ाकर उन्हें अपने खुले मुँह में डाल देते हैं और मार्कंडेय अपने को वहीं पाते हैं, जहाँ से वह फिसल गए थे—

एक सम्पूर्ण अखंडित आलोकित सृष्टि में। वह सहसा समझ नहीं पाते, यथार्थ कौन-सा है—अभी कुछ देर पहले का भयावह सागर और अन्धकार या प्रकाश में चमचमाती यह दुनिया, जिसमें उन्होंने अभी प्रवेश किया है? ऐसा कई बार होता है, वह बाहर जाते हैं, तो भीतर की स्मृति उन्हें सालती है, भीतर लौटते हैं, तो बाहर की सृष्टि एक स्वप्न-सी जान पड़ती है। वह अपने को एक ऐसी असहनीय अनिर्णय की हालत में पाते हैं, जहाँ पता नहीं चलता, सत्य कौन-सा है और कहाँ है—वह, जहाँ अब मौजूद हैं या वह, जो उन्होंने अभी-अभी खो दिया है और जिसकी एक स्मृति मात्र उनके पास रह गई है?

मुझे लगता है, मत्स्य पुराण के इस प्रश्न में ही कला का रहस्य छिपा है और सत्य का अनुभव भी, जहाँ सहसा स्मृति, स्वप्न, बीता हुआ यथार्थ और वर्तमान स्थिति के बीच दीवारें ढह जाती हैं। कला के इसी सत्य से अभिभूत होकर टॉल्स्टॉय ने कहा था :

> कितना अच्छा हो, अगर आदमी हड़बड़ी और बेताबी में उन प्रश्नों का उत्तर देने की कोशिश न करे, जो हमेशा प्रश्न बने रहते हैं। काश, वह यह जान सके कि हर विचार एक साथ झूठा भी होता है, सच्चा भी। मनुष्य ने इस अथाह, हिलोरें मारते हुए अराजक यथार्थ को अच्छे और बुरे में बाँटना चाहा है, समुद्र में काल्पनिक रेखाएँ खींचनी चाही हैं और आशा की है कि समुद्र इन रेखाओं के अनुसार बँट जाएगा—बिना यह जाने कि इस तरह के लाखों विभाजन किये जा सकते हैं, विभिन्न दृष्टियों से, विभिन्न स्तरों पर और इन विभाजनों के आधार पर वह फ़ैसले देता है—क्या ग़लत है, क्या सही है। यह हवाई ज्ञान ही मानव-प्रकृति में उस मौलिक, उल्लासमय और 'आदिम प्रकृति को नष्ट कर देता है, जो हमेशा 'सत्' की ओर प्रयत्नशील रहती है।'

प्रकृति जो सत् की ओर प्रयत्नशील रहती है और सत्, जो अच्छे और 'बुरे' के परे है—समुद्र की लहरों की तरह अथाह, असीम और उल्लासमय। इस धरती पर मनुष्य एक बहुत ही कमज़ोर और निरीह प्राणी है—अधूरा, अनाथ, आत्मखंडित किन्तु कलाकृति के इसी सत्य के कारण वह अपने भीतर उस सम्पूर्णत्व की झलक पा लेता है, जिसे जीवन और इतिहास की लहरों ने उससे अलग कर दिया था। जब मैं कला के सम्पूर्ण बोध की बात करता हूँ, तो उसमें वह समूचा अन्धकार भी छिपा है, मनुष्य के आत्मखंडित जीवन की यातना, जिसे नकार कर कोई कलाकृति सुन्दर नहीं हो सकती। कलाकृति का यह सौन्दर्य ही वह सत्य है, जिसकी ओर कीट्स ने संकेत किया था किन्तु अब वह सौन्दर्य रोमांटिक बोध को इतना व्यापक कर देता है, जिसमें हमारे युग का वह 'आतंक' भी शामिल है, जिसका उल्लेख रिल्के ने किया था—एक ऐसा सत्य, जिसमें जीवन के सब झूठ, सच, अच्छा, बुरा, नैतिक, अनैतिक समा जाते हैं—शिव के नीलकंठ की तरह, जिसमें यदि विष को समोने की शक्ति नहीं होती, तो अमृत देने की सामर्थ्य भी नहीं रहती।